Michael Osterhold

Sailing Days –
Tagestörns und kurze Segeltrips

agenda

Michael Osterhold

Sailing Days –
Tagestörns und kurze Segeltrips

agenda Verlag
Münster
2024

Bibliografische Information der Deutschen Nationalbibliothek

Die Deutsche Nationalbibliothek verzeichnet diese Publikation in der Deutschen Nationalbibliografie; detaillierte bibliografische Daten sind im Internet über http://dnb.dnb.de abrufbar.

Drubbel 4, D-48143 Münster
Tel.: +49-(0)251-799610 | Fax +49-(0)251-799519
www.agenda-verlag.de | info@agenda-verlag.de

Druck & Bindung: TOTEM, Inowroclaw, Polen

ISBN 978-3-89688-847-1

Inhalt

Vorwort

In diesem Buch habe ich einige meiner schönsten, persönlichen Segelerlebnisse der letzten Jahre in Form von leicht zu lesenden, kurzen Törnberichten zusammengefasst. Schwerpunkt liegt hierbei auf der Beschreibung kurzer Tagestörns in verschiedenen weltbekannten Städten wie beispielsweise New York, Boston, San Francisco oder Auckland. Diese Metropolen vom Wasser aus zu erleben, ist eine ganz besondere Erfahrung – gerade auch für Segelneulinge. Klassiker wie mehrtägige Segeltörns im Mittelmeer oder in den Niederlanden finden sich in der zweiten Hälfte des Buches.

Michael Osterhold

Der Autor
Dr. Michael Osterhold ist promovierter Physiker und kann auf eine rund 40-jährige Tätigkeit in Wissenschaft, Industrieforschung und akademischer Lehre mit zahlreichen Fachpublikationen zurückblicken. Segeln lernte er Anfang der 1980er Jahre an der Ostsee zunächst auf Jollen, später auf Yachten. Neben Chartertörns im Mittelmeer ist er mit seiner kleinen Segelyacht (8 m) seit vielen Jahren in den Niederlanden unterwegs. Er ist Autor mehrerer Törnberichte, die in einschlägigen Segelmagazinen erschienen sind. Er ist verheiratet, Vater eines erwachsenen Sohnes und lebt in Bochum.

Sailing Manhattan und Boston Waterfront

Metropolen an der Ostküste Amerikas. New York und Boston vom Wasser aus gesehen – ein besonderes Erlebnis.

New York – Shearwater

Heute ist Freitag, der 20. September 2013, der dritte Tag unserer New-York-Tour. Nachdem wir – das sind meine Frau Sigrid, unser 20-jähriger Sohn Christian und ich – in den ersten zwei Tagen schon einige Höhepunkte der üblichen Attraktionen wie Rockefeller Center, Brooklyn Bridge (immerhin zu Fuß), Time Square und One World Trade Center (bis 2009 Freedom Tower) besucht haben, wartet nun ein ganz besonderes Ereignis auf uns. Manhattan vom Wasser aus, sicherlich eine ganz neue Erfahrung, die Dimensionen der Wolkenkratzer Manhattans aus einer ganz anderen Perspektive beobachten zu können – und dann nicht mit einem dieser üblichen Ausflugsboote, sondern mit einem klassischen 82-Ft.-Schoner aus dem Baujahr 1929. Das lässt sicherlich jedes Seglerherz höher schlagen ...

So warten wir in der „North Cove Marina“ in Lower Manhatten direkt am Financial District bei sonnigen

24°C und leichtem Wind, dass es endlich losgeht. Doch noch muss ich mich in etwas Geduld üben – was nicht unbedingt eine meiner Stärken ist – bis es gegen 12.30 Uhr mit dem Boarding beginnt. Mittlerweile haben sich rund 20 Personen eingefunden, um auf dem Schoner „Shearwater" die zweistündige Segeltour rund um die Südspitze Manhattans zu genießen. Bevor wir aus der „North Cove Marina" starten, die übrigens im "Untertitel" auch nach dem legendären America"s-Cup-Segler Dennis Conners benannt ist (so steht es zumindest auf dem Schild an der Hafeneinfahrt), gibt uns Captain Chris noch eine kurze Sicherheitseinweisung wie und wo man sich festhalten kann, wo sich Schwimmwesten befinden und dass bei Manövern insbesondere auf den Baum zu achten ist.

Schließlich wird der Motor gestartet, und wir fahren aus der Marina auf den Hudson River, der an dieser Stelle immerhin eine Breite von etwa 1 bis 1,5 km aufweisen kann. Die „North Cove Marina" ist keine Marina wie man sie vielleicht im Mittelmeer erwartet mit mehreren hundert Liegeplätzen für Yachten, sondern das Hafenbecken ist praktisch quadratisch angelegt mit einer Seitenlänge von vielleicht 150 Metern. Neben einigen großen Motoryachten entdecke ich eine Replika eines America"s Cuppers mit Maltesischer Flagge. Weiterhin ist eine Segelschule in der Marina beheimatet. Unweit vom Hafenbecken ragen sich die Hochhäuser des Financial Districts in den Himmel - schon verrückt, denke ich, sonst sind immer die Masten der Yachten die höchsten "Erhebungen", jetzt wirken die Yachten neben den Hochhäusern wie Spielzeuge.

Nach dem Setzen der Segel kreuzen wir auf dem Hudson in Richtung Südspitze Manhattans, dort wo der Hudson River in die „Upper Bay“ New Yorks mündet. Die „Upper Bay“ wird auch als „New York Harbor“ bezeichnet, der als Naturhafen zu den größten der Welt zählt (Ausdehnung ca. 10 km x 6 km). Von der Südspitze Manhattans bis zum eigentlichen Übergang in den offenen Atlantik am Ende der „Lower Bay“ sind es immerhin etwa 17 km. Auf der anderen Seite wird Manhattan vom East River begrenzt, der ebenfalls in die Bay mündet.

Mir fällt auf, dass insbesondere kleinere Schiffe auf dem Hudson teilweise mächtig stampfen und eine deutliche Strömung zu spüren ist. Geografisch ist der Hudson – ähnlich wie Elbe oder Ems – kein richtiger Fluss mehr, da er stark den Gezeiten unterliegt, die noch mehr als 200 km flussauf bemerkbar sind.

Unser Ziel heißt Liberty Island, etwa 2,5 km vor der Südspitze Manhattans gelegen, mit der „Statue of Liberty“, dem amerikanischen Symbol für Freiheit und Gleichheit, das im Jahre 1886 errichtet wurde. Die Nachbarinsel Ellis Island war seinerzeit die erste Station für Einwanderer, die ihr Glück in der neuen Welt versuchen wollten. Nach einer knappen Stunde, vorbei an der grandiosen Skyline von Lower Manhattan, können wir nun einige Beweisfotos der Freiheitstatue machen, bevor es mit achterlichem Wind wieder Richtung „North Cove Marina“ geht. Meine Frau und unser Sohn sind sichtlich beeindruckt von der einmaligen Aussicht in einer entspannten Atmosphäre auf dem Wasser. Nicht nur für Segler ein absolutes Muss.

Unterwegs sichten wir noch weitere "klassische" Yachten in der Bay und ein Crewmitglied der „Shearwater“ erzählt, dass diese Yachten an den etwas weiter nördlich gelegenen Chelsea-Piers beheimatet sind. Eine weitere Möglichkeit des Mitsegelns bietet sich an der Pier 17 (Clipper), übrigens nicht weit von der Wall Street entfernt. Schön, denke ich mir, vielleicht ergibt sich ja noch eine Gelegenheit ...

Ich denke, das war eine tolle Sache und verlasse die „Shearwater“ nach rund zwei Stunden mit einem breiten Grinsen auf meinem Gesicht.

New York – Adirondack

Ideales Segelwetter, denke ich. 21 °C und nahezu wolkenloser Himmel. Es weht eine recht frische Brise, ich schätze 4 bis 5 Bft (Windstärke Beaufort) aus westlichen Richtungen. Nun, es ist Sonntag, der 22. September, und New York ist etwas ruhiger als an Werktagen. Meine Frau Sigrid und Sohn Christian haben den Sonntag schon für eine ganz spezielle Unternehmung verplant; sie fahren in ein nahegelegenes Outlet-Center, um sich mit den lebenswichtigen Dingen wie T-Shirts und Sportschuhen neu auszustatten. Prima, es kann mir ja nichts Besseres passieren, habe ich doch den ganzen Tag für mich und kann vielleicht nochmal Segeln gehen ...

Ich mache mich nach dem Frühstück per U-Bahn auf den Weg zur 23. Straße und dann Richtung Chelsea-Piers am Hudson River. Ich habe Glück und der 80-Ft.-Schoner „Adirondack“ ist nicht über Privatcharter ausgebucht (was auch schonmal vorkommen kann), sodass ich für knapp 50 $ ein Ticket für eine zweistündige Tour erwerbe. Die „Adirondack“ ist ein Nachbau eines Lotsenschoners aus den 1890er Jahren und bildet mit dem Schwesterschiff „America 2.0“, einem Nachbau der Yacht, die 1851 den ersten America‘s Cup gewann, das Herzstück der „Classic Harbor Line“.

Um Punkt 12.00 Uhr gehe ich mit noch etwa 15 Personen an Bord. Super, freue ich mich, ordentlich Wind und blauer Himmel, was will man als Segler mehr ... Sicherheitshalber habe ich mir neben meinem Segel-Blouson noch eine Regenjacke in meinen Rucksack gepackt und bin damit perfekt ausgerüstet. Einige Mitsegler nehmen das Angebot der Crew an, sich mit Decken zu wärmen, ist es doch auf dem Wasser deutlich frischer als an Land. Der Wind hat noch etwas zugelegt, und wir segeln bei "Halben Wind" mit dem 1. Reff im Großsegel den Hudson hinab Richtung Freiheitsstatue. Ich schätze die Geschwindigkeit auf 7 bis 8 kn, was mir von Captain Chris (offensichtlich heißen in Manhattan alle Skipper Chris) und später vom GPS bestätigt wird. Vorbei an der Freiheitsstatue fahren wir eine ausgedehnte Halse und die „Adirondack" geht mit rund 10 kn Fahrt auf Kurs zur Insel „Governer's Island", früher Festung und Gefängnis, heute ein City-Park. Während der Umrundung der kleinen Insel bietet sich ein atemberaubender Blick auf die Skyline des südlichen Manhattans und auf den Eastriver mit seiner „Brooklyn Bridge". Wow!

Nach der Umrundung von „Governer's Island" geht es zurück auf den Hudson River und die „Adirondack" muss nun gegen den Wind kreuzen. Auf Dauer etwas mühselig und Captain Chris beschließt, die letzten zwei Kilometer unter Motor zur Chelsea-Pier zurückzulegen.

Habe schon schlechtere Sonntage verlebt ...

Boston – Liberty Clipper

Meine Frau und ich sind heute, am 26. Sept. (Donnerstag), in Boston/Massachusetts eingetroffen. Wir steigen am Busbahnhof „South Station" aus und gehen nördlich in Richtung „New England Aquarium" und „Long Wharf" an Bostons Waterfront. Unser Ziel ist es – wenn möglich – Boston mit seiner Skyline und seinem historischen Hafen von einem Segelschiff aus zu entdecken. Bei meiner Recherche im Vorfeld war ich auf die sogenannte „Liberty Fleet“ gestoßen, die mehrstündige Trips entlang der Boston Waterfront anbietet.

Mittlerweile ist es 10.30 Uhr und direkt neben dem Aquarium sehen wir die „Liberty Clipper“, einen 125-Ft.-Schoner mit Gaffelrigg im Stil der Küstenschoner aus den 1850er Jahren Neuenglands. Ich frage einen jungen Mann mit Crew-Shirt, ob heute ein Trip auf dem Wasser stattfinden würde. Klar, gegen 12.00 Uhr soll eine zweistündige Tour starten. Meine Frau und ich haben nun noch etwas Zeit bevor es losgeht und wir beschließen, die Zeit zu nutzen, um die Innenstadt von Boston zumindest ansatzweise zu erkunden. Boston ist für die USA sehr geschichtsträchtig, begann doch hier die Unabhängigkeitsbewegung, die schließlich zur Gründung der Vereinigten Staaten von Amerika führte. Bedeutsame historische Gebäude liegen entlang des rot markierten, sogenannten Freedom Trails (etwa 4 km), der quer durch die Stadt führt.

Kurz vor 12.00 Uhr sind wir an der Pier zurück, kaufen schnell die Tickets und können auch sogleich an Bord. Der Schoner wird von einer Stammcrew, vorwiegend aus jungen Leuten, betrieben, die auch ganzjährig an Bord wohnen. Im Sommer wird vor Boston gesegelt. Ab Oktober geht es den Winter über zu den Bahamas. Wenn ich es richtig verstanden habe, besteht die Crew aus bis zu 13 Personen, ich zähle heute 8 und 12 Mitsegler.

Die „Liberty Clipper“ legt unter Motor ab und schon nach wenigen hundert Metern werden die Segel gesetzt. Nun müssen alle mit anfassen, um die großen Gaffelsegel zügig nach oben zu bekommen. Obwohl es fast strahlend blauer Himmel ist, erscheinen mir die geschätzten 18 °C frischer als erwartet, und ich ziehe den Reißverschluss meines Segelblousons bis oben hin zu. Bei etwa 3 Bft kreuzt die „Liberty Clipper“ vorbei an der „South Boston Waterfront“ und den Rollfeldern des „Boston Logan International Airports“, der praktisch direkt in der Stadt liegt. Unser Ziel ist „Fort Independence Park“ am Ausgang des Naturhafens vor den Boston Harbor Islands. Captain Samuel hat eine kleine Kanone mit einer Platzpatrone geladen, die er beim Passieren des Forts abfeuern lässt - no reason, just fun ...

Mit achterlichem Wind und aufgefierten Segeln geht es anschließend wieder Richtung Boston Skyline und ich frage Skipper Samuel, ob ich das Ruder übernehmen darf. Meine Frau schießt natürlich einige Beweisfotos - ja nun, 125 Ft. sind ja nicht so schlecht ...

Nach zwei Stunden macht die „Liberty Clipper“ wieder an der Pier fest, unterwegs haben wir noch andere Schiffe, wie die „Pride of Baltimore“ gesichtet, auf der man offensichtlich auch für einige Stunden "anheuern" kann.

Eine entspannte kleine Segeltour liegt nun hinter uns und meine Frau und ich machen uns auf den Weg Richtung Freedom Trail - soweit die Füße tragen ...

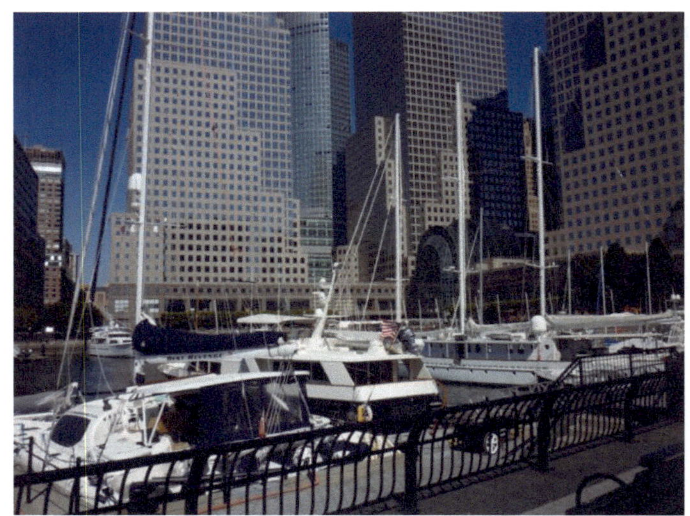
North Cove Marina in Manhattan

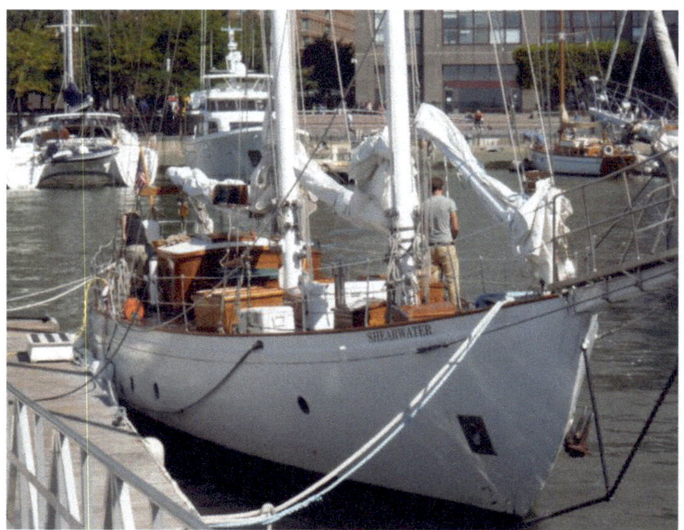

Schoner „Shearwater“

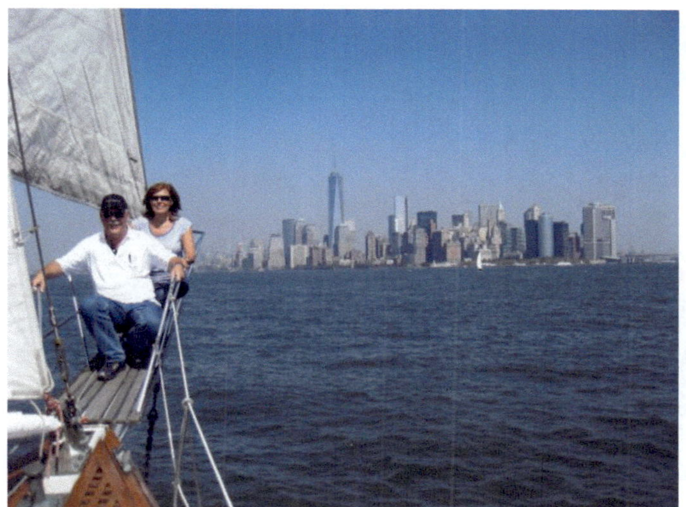
Im New York Harbor

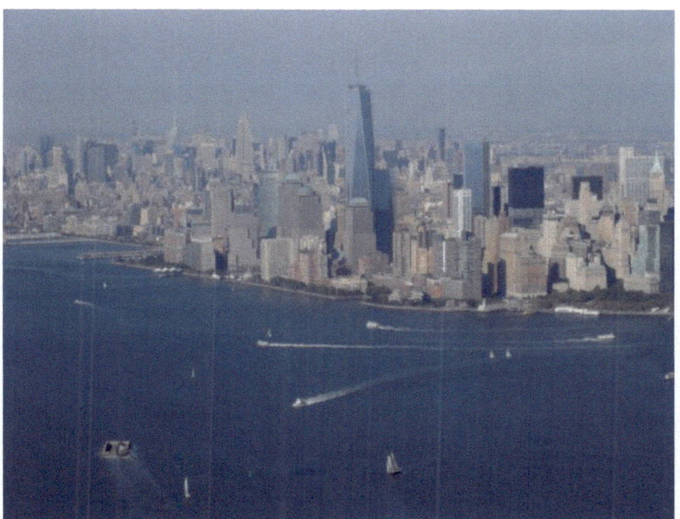
Blick auf Manhattan und Hudson

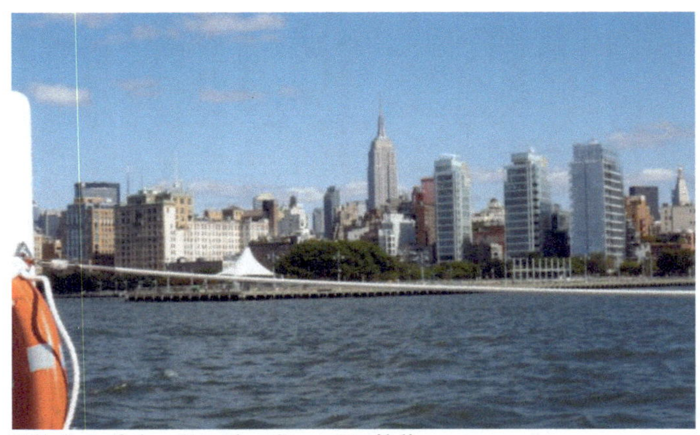
Blick auf das Empire State Building

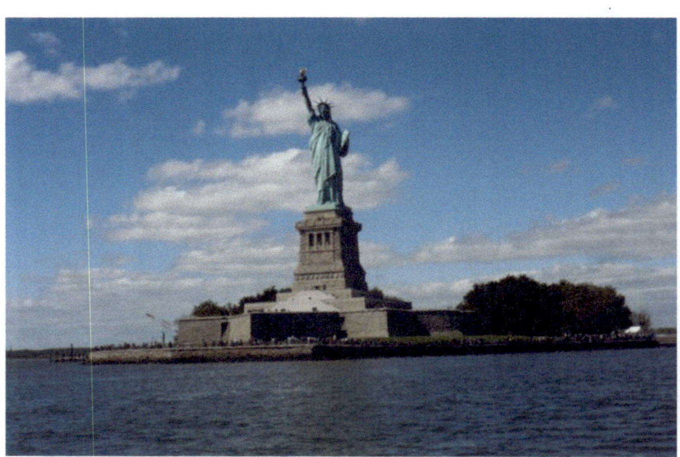
Freiheitsstatue

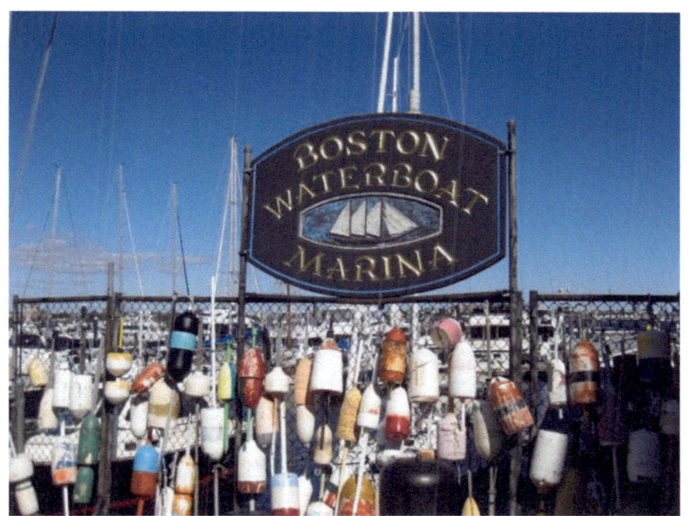

Boston Waterboat Marina

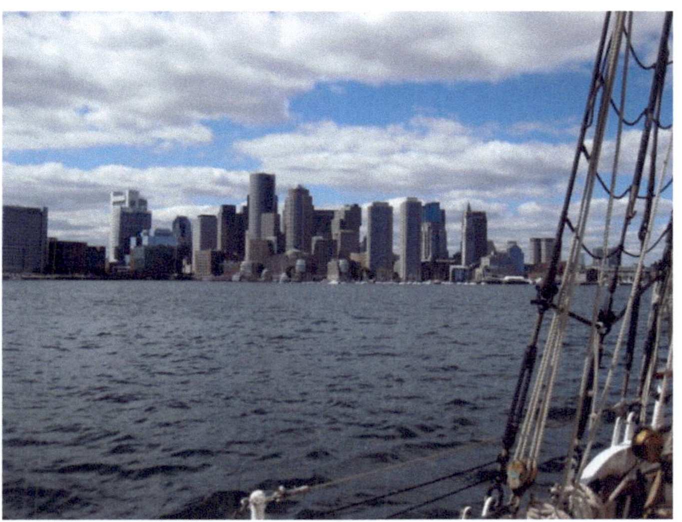
Skyline von Boston

City of Sails & Bay of Islands

Segeln in Neuseeland

Meine Frau Sigrid und ich bereisten vier Wochen von Mitte Dezember 2009 bis Mitte Januar 2010 Neuseeland. Ziel der Reise war der Besuch unseres Sohnes Christian, der dort ein Schuljahr verbrachte. Neben der wunderschönen Landschaft ergaben sich auch einige schöne Segelerlebnisse, über die ich hier berichte.

Auckland (The City of Sails)

Es ist Samstag, 19. Dezember, später Vormittag, ca. 22 °C. Wir, das sind meine Frau Sigrid, mein 17-jähriger Sohn Christian und ich, stehen am Viaduct Harbour in Auckland/Neuseeland und warten, dass es endlich losgeht. „America"s Cup Sailing Experience“ steht auf dem Ticket, was wir wenige Minuten zuvor erworben hatten. Schon in Deutschland hatten wir bei der Planung unseres Neuseeland-Besuches verschiedene Segelmöglichkeiten via Internet ausgelotet und das Segeln auf einer America"s Cup Yacht steht ganz oben auf meiner Wunschliste. Die Anmerkung meiner Frau, dass wir doch bitte den Besuch unseres Sohnes, der in Neuseeland ein Schuljahr verbringt, in den Vordergrund stellen sollen und nicht das

Segeln, klingt mir noch im Ohr … Naja, man kann ja beides verbinden, denke ich.

Gebucht werden können zwei- bis dreistündige Kurztrips auf den beiden zur Verfügung stehenden America"s Cup Yachten (NZL 40 & NZL 41) aus den 1990er Jahren. Gesegelt werden die jeweils 24 m langen Boote mit einer Segelfläche von 350 bzw. 320 m² (Am Wind) mit einer Stammcrew von 4 Personen und mindestens 5 bis 6 zahlenden Teilnehmern (max. 14-18) bei einer Windstärke bis zu max. 6 Bft.

„Wir starten", ruft meine Frau in freudiger Erwartung – sie segelt sonst nur Jolle oder fährt mal gelegentlich bei Yacht-Tagestörns mit – und kann es kaum erwarten, die automatische Rettungsweste anzulegen. Mittlerweile sind wir etwa 14 Teilnehmer und nach einer kurzen Sicherheitseinweisung durch die Crew geht es endlich aufs Schiff. Das Cockpit ist riesig und man sitzt wie in einer Jolle auf dem Cockpit-Rand ohne jeglichen Komfort. OK, das sind keine Fahrtenyachten mit viel Bequemlichkeit, sondern Rennyachten, wo es nur um Geschwindigkeit geht – aber deshalb sind wir ja hier …

Wir verlassen unter Motor die Anlegestelle im Viaduct Harbour und sind 5 Minuten später im ausgedehnten Gebiet zwischen Auckland City und den vorgelagerten Inseln Rangitoto und Motutapu. Die Inseln im Hauraki Gulf stellen für die Bewohner Aucklands ein beliebtes

Ausflugsziel dar, sind sie doch schnell und unkompliziert mit der Fähre in etwa 30 Minuten zu erreichen.

Ein Mitglied der Crew erklärt die Funktion der „Coffee Grinder“ (Kaffeemühlen), die scherzhafte Bezeichnung der großen Doppelkurbel-Schotwinden auf großen Rennyachten. Schnell wird das Großsegel gesetzt und Freiwillige dürfen ihre Muskelkraft an den „Grindern“ testen. Achteraus die Auckland-Bridge lässt Skipper Chris den Gennaker setzen, sodass die Geschwindigkeit praktisch sofort die magische 10-kn-Marke überschreitet. Nach etwa 20-minütiger Rauschefahrt wird der Gennaker geborgen, und es wird auf Am-Wind-Kurs angeluvt, um vorbei an den vorgelagerten Inseln Kurs auf das Gebiet der America‘‘s Cup Rennstrecken in 2000 & 2003 zu nehmen.

Skipper Chris ist sehr aufmerksam, und jeder kann Rudergehen, wenn er dann möchte ... Nur keine Scheu denke ich mir und melde mich als zweiter „Freiwilliger“. Obwohl mittlerweile die Schräglage beim Am-Wind-Kurs deutlich zugenommen hat (15 bis 17 kn Wind), liegt das Boot bei einer Geschwindigkeit von 12.5 kn erstaunlich sicher auf dem Ruder. Nach etwa 25 Minuten fahre ich eine Wende, um den Rückweg anzutreten. Schließlich ist geplant, nach 2 bis 3 Stunden wieder anzulegen. Nun trauen sich auch andere Teilnehmer, das Ruder zu ergreifen, darunter auch mein Sohn Christian, der eigentlich eher der Surfer und Catamaran-Segler ist und selbst meine Frau Sigrid, die doch sonst das Jollensegeln bevorzugt. An den Inseln vorbei nehmen wir wieder Kurs auf Auckland und müssen nun die letzte halbe Stunde gegenan kreuzen. Schließlich werden die Segel geborgen, und unter Motor geht es zurück zum Anleger. Die Zeit ist wie im Flug vergangen, und wir sind uns alle einig – eine tolle Erfahrung.

Wer es lieber etwas ruhiger wünscht, kann mehrstündige Kurztörns auf 50-Fuß-Yachten buchen. Hier wird beispielsweise entlang der Skyline von Auckland unter der Auckland-Bridge hindurch in den geschützten Gewässern des Waitemata Harbours gesegelt. Es kann jeder mitmachen und das Ruder übernehmen. Ideal auch, um die fantastische Skyline der Metropole Auckland vom Wasser aus zu genießen.

Unser nächstes Ziel liegt nördlich von Auckland, die Bay of Islands, in der seinerzeit Cpt. Cook im 18. Jahrhundert vor Anker ging. Nach einigen Tagen Zwischenstopp in Whangarei/Northland (dort geht unser Sohn zur High School) erreichen wir mit unserem Wohnmobil nach der Fähre in Opua schließlich den kleinen Ort Russell in den Bay of Islands, etwa 230 km nordöstlich von Auckland.

Bay of Islands

Die Bay of Islands ist „das“ Segelrevier auf der Nordinsel Neuseelands. Sie ist gekennzeichnet durch über 100 größere und kleinere Inseln, wobei zur Zählung die Größe keine Rolle spielt, jede Erhöhung wird mitgerechnet. Bei den Neuseeländern als Segelrevier sehr beliebt, erinnert das Klima ans Mittelmeer mit Tagestemperaturen zwischen 25 und 30 °C im Sommer, nachts kühlt es sich allerdings stärker ab und die Wassertemperatur liegt kaum über 20 °C. Desto unbarmherziger ist dagegen die Sonneneinstrahlung. Schon 10 Minuten in der Mittagssonne reichen für einen Sonnenbrand aufgrund der extremen UV-Strahlung (Ozon-Loch). Man ist gut beraten, Sonnenschutz mit Faktor 30+ aufzutragen. Der Wind bläst meist konstant mit etwa vier Windstärken, der Tidenhub ist moderat und liegt bei zwei bis drei Metern.

Das Segelangebot in der Bay of Islands bietet für jeden Geschmack etwas: Mitsegeln auf 40- bis 50-Fuß-Yachten (Tagestörns), klassische Yachtcharter oder Tagestörns auf Tall Ships oder großen Katamaranen.

Meine Frau und ich entschließen uns zunächst für einen Tages-Törn auf dem Schiff „R*Tucker*Thomson“, ein 85 Fuß 2-Mast-Gaffel-Topsegelschoner. Start ist um 10.00 Uhr an der Pier von Russel. Nach Begrüßung und kurzer Sicherheitseinweisung wird abgelegt und zunächst unter Motor beide Großsegel gesetzt. Wiederum werden alle Teilnehmer (etwa 20) in das Bordgeschehen eingebunden. Jeder kann/soll beim Setzen der Segel mithelfen, einige wagen sich sogar ins Rigg, um das Schiff von oben zu beobachten. Nach etwa einer Stunde wird der Motor ausgestellt, und wir segeln bei 4 Bft Am Wind mit 5 bis 6 kn vorbei an Tapeka Point in Richtung Motuarohia (Roberton) Island, wo der mittagliche Ankerplatz liegen soll. Völlig unkompliziert überlässt Skipper Sam mir für fast eine Stunde das Ruder, und ich bin überrascht, wie leicht sich das Schiff steuern lässt. Nach einer Wende ankern wir schließlich in der Lagoon Bay von Roberton Island. Nicht weit entfernt ankerte auch Cpt. Cook im 18. Jahrhundert, der seinerzeit als erster Europäer den Fuß auf Neuseeland setzte.

Die Mittagspause wird von den meisten Teilnehmern genutzt, um per Dingi überzusetzen, den menschenleeren Strand zu genießen, oder zu Fuß die Insel zu erkunden und atemberaubende Fotos zu schießen. Die Crew ist währenddessen beschäftigt, ein kleines Mittagessen (Salat und Gegrilltes) vorzubereiten. Kurz nach 13.00 Uhr wird der Anker gelichtet und die Insel nördlich passiert. Auf Westkurs setzen wir bei achterlichem Wind zusätzlich die Rahsegel. Nach fast zwei Stunden herrlich entspannter Fahrt liegt Russel gegen 15.30 Uhr querab und nach einigen Wenden werden die Segel geborgen und angelegt. Meine Frau und ich sind fast ein bisschen enttäuscht, dass dieser Tagestörn schon zu Ende ist. Zu schön war die entspannte Fahrt bei ausgezeichneten Wetterbedingungen.

Heute ist Donnerstag, 24.12.09, Heiligabend. Bei uns kommt keine richtige Weihnachtsstimmung auf – wie denn auch bei 26 °C, strahlendem Sonnenschein und 3 bis 4 Windstärken. Lediglich die kleine Fähre zwischen den Orten Russell und Paihia erinnert an Weihnachten, da sie mit einem kleinen Tannenbaum geschmückt ist. Heiligabend ist bei uns Familientag, und wir beschließen, etwas gemeinsam zu unternehmen. Sohn Christian hält meinen Vorschlag, einen Segeltag auf einem Katamaran zu verbringen, für eine gute Idee. Kurz vor 10.00 Uhr heißt es in Paihia „An Bord“ auf dem 22-m-Katamaran „On the Edge“. Skipper Dave fährt zügig ab und nach etwa 2 sm (Seemeilen) werden nach einer kurzen Einweisung Großsegel und Fock gesetzt. Mit etwa 9 kn (Knoten) segeln wir am Wind in Richtung Roberton Island. Die Crew besteht lediglich aus drei Personen und etwa 12 zahlenden Teilnehmern. Der Katamaran verfügt über so viel Platz, dass jeder schnell ein Plätzchen findet, wo er sich ausstrecken kann. Die Crew ist super freundlich und fordert jeden auf, bei den Segelmanövern mitzumachen. Ich selbst kann der Versuchung nicht widerstehen und übernehme gerne das Ruder. Der Katamaran ist extrem kurstreu und lässt sich gut steuern. Nachdem wir Roberton Island nördlich passiert haben, nehmen wir südlich von Motorua Island per Beiboot einige zusätzliche Mitsegler auf, die zuvor mit einem anderen Boot

Delfine beobachtet hatten. Nach dem kurzen Zwischenstopp geht es weiter in Richtung Urupukapuka Island, wo wir im nördlichen Teil der Insel in einer kleinen Bucht vor Anker gehen. Die Bucht ist bestens geeignet für Wassersportaktivitäten, sodass einige ihr Glück auf den mitgebrachten See-Kajaks probieren oder Schnorcheln gehen. Ganz Mutige lassen sich vom motorisierten Beiboot mit einem „Bisquit" übers Wasser ziehen. Naja, ich genieße lieber meine Ruhe und freue mich auf den von der Crew zubereiteten Salat mit Hähnchenkeule. Gegen 14.00 Uhr wird der Anker gelichtet, und wir verlassen die Bucht in nordwestlicher Richtung, lassen die Insel Moturua und Roberton backbord liegen und setzen bei achterlichen Winden den Gennaker. Um schließlich wieder Kurs auf unseren Ausgangsort Paihai zu nehmen, fahren wir einige Halsen, die mit dem großen Katamaran bei einer Geschwindigkeit von 8 kn völlig problemlos ablaufen. Gegen 16.00 Uhr setzt uns der Skipper freundlicherweise direkt an der Pier von Russell ab, sodass wir uns die kurze Überfahrt mit der Fähre von Paihia nach Russell sparen können. Am frühen Abend haben wir in Sally"s Restaurant an der kleinen Promenade von Russell einen Tisch bestellt, um den Heiligabend bei einem guten Essen ausklingen zu lassen – habe schon schlechtere Weihnachten erlebt …

Morgen wollen meine Frau und mein Sohn noch eine Bus-Tour zum 90-Mile-Beach und Cape Reinga wagen, dort wo Pazifik und Tasmanische See aufeinander treffen. Anschließend haben wir Ausflüge in das Landesinnere der Nordinsel nach Rotorua und Taupo geplant (Geysire), um dann am 2. Januar für fast zwei Wochen auf die Südinsel zu fliegen. Dort wollen wir das Fjordland und die Südlichen Alpen besuchen. Ich persönlich wäre noch gerne einige Tage in den Bay of Islands geblieben …

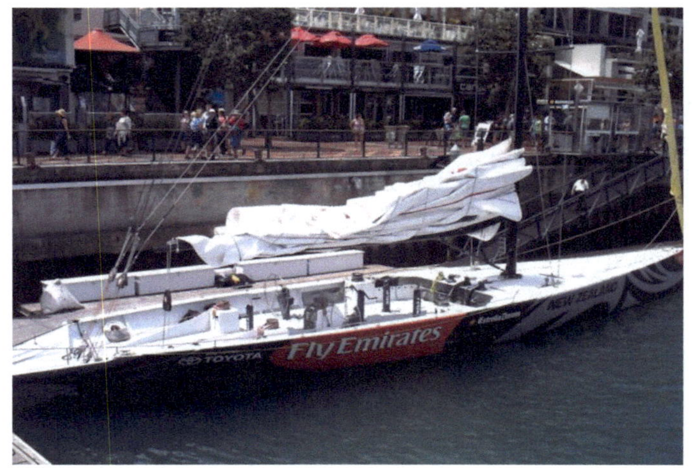

„Unsere“ America‵‵s Cup-Yacht

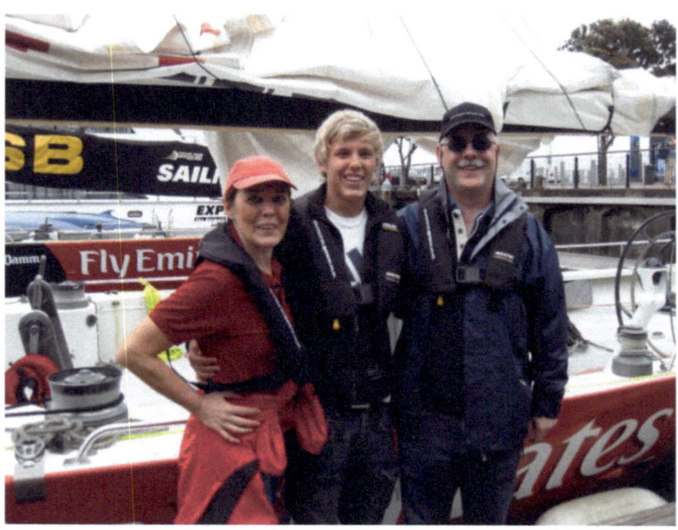
Die Osterhold-Crew sticht in See

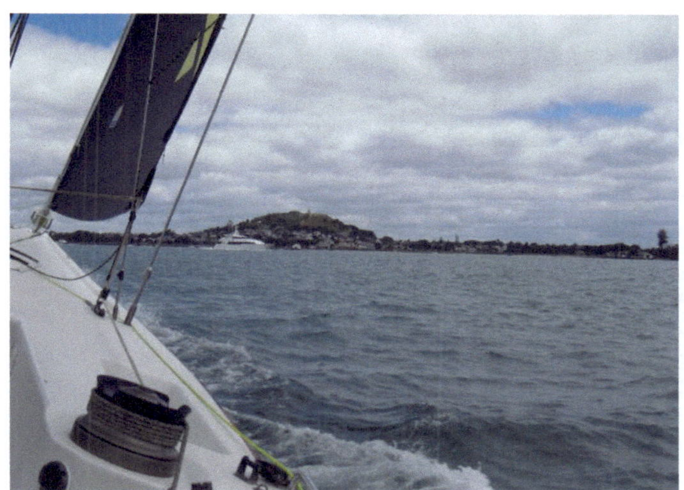

Insel vor Auckland

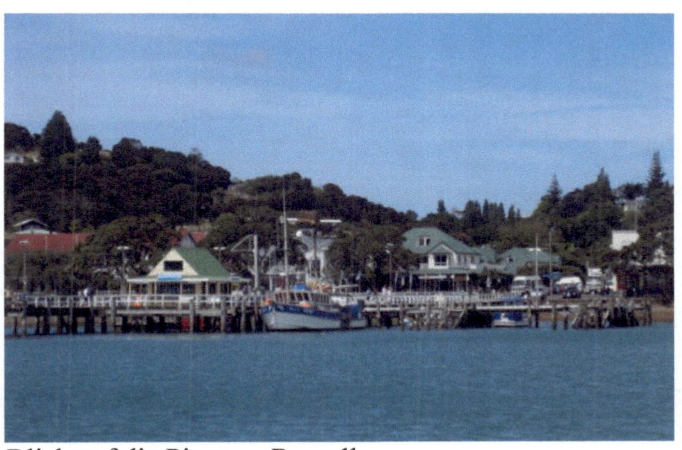

Blick auf die Pier von Russell

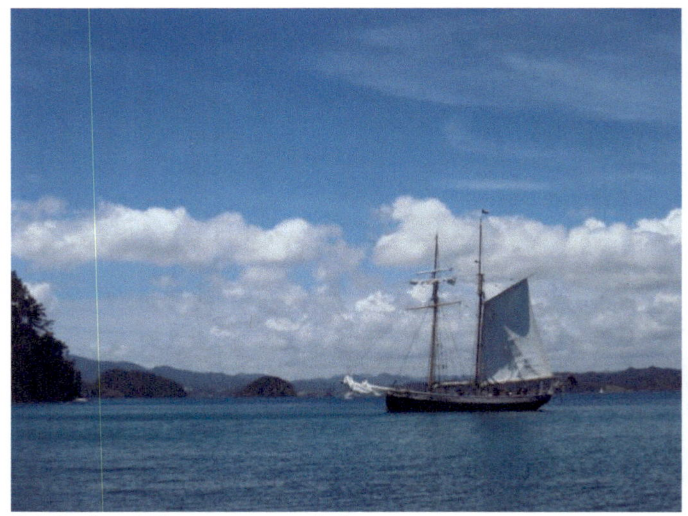

R*Tucker*Thomson vor Anker

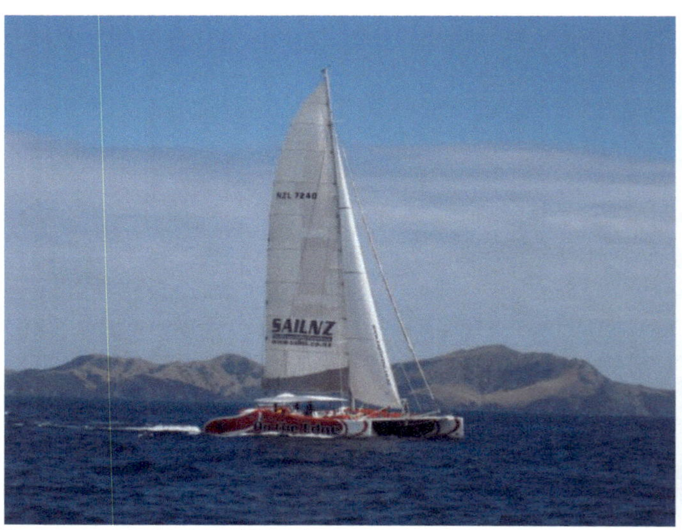

Katamaran „On the Edge“

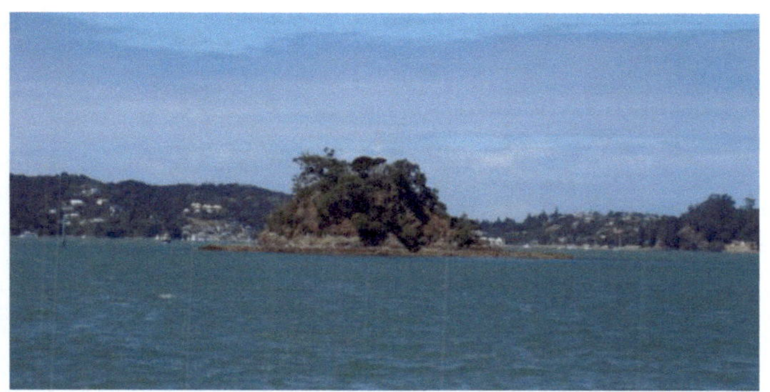

Kleine Insel vor Russell

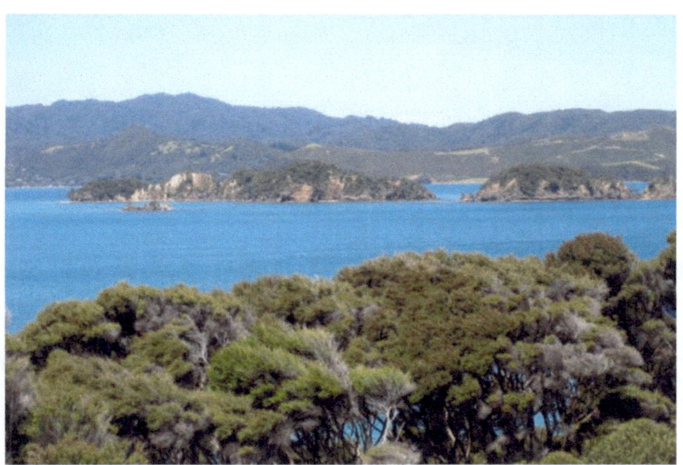

In der Bay of Islands

Sailing under „Stars & Stripes"

San Francisco, Santa Barbara und San Diego

Im August 2011 bereisten wir zu dritt drei Wochen Kalifornien. Neben den faszinierenden Städten und der wunderschönen Landschaft ergaben sich auch einige schöne Segelerlebnisse, über die hier berichtet wird.

San Francisco

Es ist Freitag, 12. August, der erste richtige Tag unserer fast dreiwöchigen Kalifornienreise. Wir, das sind meine Frau Sigrid, mein Sohn Christian (18 J.) und ich. Geplant sind folgende Stationen: San Francisco, Yosemite-Nationalpark, Monterey, Santa Barbara, Los Angeles, San Diego. In San Francisco kann man bestimmt auch segeln, so unter der „Golden Gate Bridge" hindurch, das wäre doch was … ging es mir schon zuhause durch den Kopf.

Gestern Nachmittag hatten wir schon kurz Fisherman's Wharf mit Pier 39 erkundet, dem Touristenmagneten direkt an der San Francisco Bay. Praktisch vis-à-vis kann man die nur etwa 2 km entfernte ehemalige Gefängnisinsel Alcatraz sehen, bis 1963 berüchtigtes Gefängnis mit zweifelhaft berühmten Insassen wie beispielsweise Al Capone. Pier 39 ist neben den zahllosen Touristen-

Geschäften mit Jahrmarktcharakter bekannt für seine Seelöwen-Kolonie, die vor einigen Jahren hier ihre Heimat aufgeschlagen hat.

Morgens hatten wir schon eine Bustour in Richtung Sausalito, nördlich von San Francisco über die Golden Gate Bridge, unternommen und einen kleinen Spaziergang durch den schönen Hafen gemacht. Sausalito erlangte insbesondere in den 1960er Jahren den Ruf eines Ortes für Künstler und Lebenskünstler. Nun warten wir am Pier 39, dass unsere zweistündige Segeltour mit dem „Adventure Cat" (65 Ft.) endlich losgeht. Im Vergleich zum sonnigen Sausalito lässt sich die Sonne leider nur ab und zu sehen. Es ist teilweise bedeckt, maximal 20 °C, und es bläst mit 4 bis 5 Bft. Kurz nach dem Verlassen des Hafens werden die Segel gesetzt, Skipper Hans (allerdings kein Deutscher) geht auf Am-Wind-Kurs Richtung Golden Gate Bridge. Ich bin etwas überrascht, so frisch und mit deutlichem Wellengang hatte ich nicht gerechnet. Es sind etwa 20 Leute an Bord, die sich schnell ihre mitgebrachten Jacken anziehen. Ein Crewmitglied erzählt mir, dass hier fast immer eine frische Brise weht, und mir fällt der in San Francisco oft zitierte Spruch von Mark Twain ein: „Den kältesten Winter, den ich je erlebt habe, war der Sommer in San Francisco – oder so ähnlich … ".

Es geht zügig mit etwa 7 bis 8 kn voran, sodass wir nach einer knappen Stunde unter der Golden Gate Bridge hindurchsegeln, ein wirklich atemberaubender Anblick.

Selbstverständlich werden die üblichen Beweisfotos geschossen, man will zuhause schließlich etwas vorweisen. Unterwegs sehen wir ein Regattafeld von „Lasern“, die ein Int. Championship austragen. Erstaunlich bei diesen Strömungs- und Wellenbedingungen. Ansonsten sind nur vergleichsweise wenig Yachten in der Bay of San Francisco unterwegs. Zurück geht es dicht vorbei an Alcatraz, um schließlich nach etwa zwei Stunden wieder im Hafen festzumachen. Ich muss sagen, mir hat es gut gefallen, ich fand es toll und bestimmt einmalig, aus dieser Perspektive einmal die wahrscheinlich berühmteste Brücke der Welt „Golden Gate“ gesehen zu haben. Auch meine Familie war sehr beeindruckt.

Für die nächsten drei Tage sind nun noch Fahrten mit den „Cable Cars“ und diverse Stadterkundungen in San Francisco vorgesehen. Dann geht es weiter für zwei Tage zum Yosemite-Nationalpark (360 km) – da kann man übrigens nicht segeln, wie mir mein Sohn versicherte …

Santa Barbara

Mittlerweile haben wir nach zwei Tagen Yosemite in Richtung Monterey (etwa 370 km) verlassen und sind weiter über den Highway Number 1 an der Küste Richtung Santa Barbara unterwegs. Ein etwa 120 km langer Küstenabschnitt südlich von Monterey wird „Big Sur“ genannt und ist wegen seiner Ursprünglichkeit, der steilen Klippen und dem nahen Küstengebirge und den ausgedehnten Seetang-Wäldern wirklich atemberaubend. Die sehr kurvige Küstenstraße erfordert allerdings ein nicht geringes Maß an Konzentration für den Fahrer. Von Monterey bis Santa Barbara sind es insgesamt rd. 400 km, die fast komplett an der Küste entlang führen.

Wir kommen nachmittags am 19. August bei herrlichem Wetter (wolkenlos, 27 °C) in Santa Barbara an, checken im Hotel ein und wollen anschließend zum Essen gehen. Es wird früh dunkel, und wir landen schließlich in Unkenntnis der örtlichen Restaurants in einer dieser schnellen Pizzerien – wie auch immer, die Pizza war OK. Am anderen Morgen frühstücken wir als Ausgleich direkt draußen an der Beach von Santa Barbara in einem einfachen, aber guten – und auch gut besuchtem – Lokal.

Ich bin vom Wetter etwas enttäuscht, ist es doch bis mittags ziemlich „foggy“ und windstill. Im Hafen suche ich die „Santa Barbara Sailing School“, die neben der klassischen Segelausbildung auf Jollen und Yachten auch Segelausflüge auf einem 40-Ft.-Catamaran „Double Dolphin“ anbietet. Für heute Nachmittag wird ein „Sea Lions Trip“ angeboten und ich kaufe für meine Frau, meinen Sohn und mich Tickets. Mittlerweile ist es aufgeklart bei angenehmen 24 °C und etwa 2 Bft. Da noch rd. zwei Stunden Zeit bis zur Abfahrt sind, erkunde ich weiter den sehr schönen Hafen mit einigen Restaurants und dem kleinen maritimen Museum, von dessen Balkon ein einzigartiger Ausblick über den Hafen möglich ist.

Nach Ausfahrt aus dem Hafen setzt der Skipper des „Double Dolphin“ das Großsegel, merkt aber schon nach kurzer Zeit, dass er ohne Motorunterstützung nicht weit kommt, ist doch der Wind mittlerweile fast vollständig eingeschlafen. Mit Motorunterstützung fahren wir vielleicht 2 bis 3 Seemeilen die Küste entlang, um auf den Tonnen eines auf Reede liegenden Schiffes dahin dösende Seelöwen zu beobachten. Weiter geht es zu Fahrwasserbegrenzungstonnen, die ebenfalls jeweils von einem halben Dutzend Seelöwen belagert sind …Wieder an Land lautet das Fazit des Trips, kein Wind, viel Motor, dafür Seelöwen und einen herrlichen Blick auf Santa Barbara vom Wasser aus.

Für abends suchen wir uns ein nettes Fischrestaurant, Sigrid und Christian essen Mahi-Mahi, am anderen Morgen geht es schon zeitig Richtung Los Angeles (ca. 150 km). Hier warten der „Walk of Fame“, Hollywood, Santa Monica Pier und Venice Beach auf uns, die wir an zwei Tagen erkunden wollen. Als letzter Stopp unserer Reise ist ein fünftägiger Aufenthalt in San Diego geplant.

San Diego

Es ist Dienstag, 23. August, später Vormittag, ca. 24°C und wolkenlos. Ich bin mit unserem Mietwagen von unserem Hotel im Norden von San Diego, nahe der Mission Bay, in den Yachthafen von Shelter Island, direkt an der San Diego Bay, gefahren. Shelter Island ist eigentlich eine Halbinsel und nur wenige Autominuten vom Flughafen entfernt, der mitten in der Stadt von San Diego liegt. Von hier aus soll das Segeln auf der America‘s Cup Yacht „Stars & Stripes, USA-11“ gegen Mittag starten. Schon in Deutschland hatten ich bei der Planung unserer Kalifornienreise verschiedene Segelmöglichkeiten via Internet ausgelotet, und das Segeln auf einer America‘s Cup Yacht steht ganz oben auf meiner Wunschliste. Bereits vor fast zwei Jahren hatte ich einen ähnlichen Trip in Auckland/Neuseeland gebucht – und war begeistert. Somit musste San Diego schon einiges bieten, um mithalten zu können.

Ich suche das kleine Office und wundere mich, dass noch niemand da ist. Sollte der dreistündige Trip wirklich stattfinden, wie mir die sehr freundliche Dame vom „Visitor‘s Center San Diego“ versprochen hatte … Etwa 30 Minuten vor dem geplanten Starttermin treffen schließlich Skipper und Stammcrew ein, und ich kann mich schnell auf die Mitsegler-Liste setzen lassen. Prima, denke ich, nun kann es losgehen.

Die Yacht „Stars & Stripes, USA-11“ war Dennis Conners erste IACC-Yacht 1992, wurde später verkauft an US Virgin Islands America‘s Cup Challenge für AC 2000. In 2006 wurde die 78-Ft.-Yacht schließlich von Privatpersonen gekauft und liegt seitdem in San Diego. Gebucht werden können dreistündige Kurztrips von Privatpersonen oder auch verschiedene Gruppen-Veranstaltungen. Gesegelt wird das 24 m lange Boot mit einer Stammcrew von etwa 6 Personen und mindestens 5 bis 6 zahlenden Teilnehmern, die alle bei den verschiedenen Manövern wie Segelsetzten, Wenden, Halsen oder Rudergehen mitmachen können.

Mittlerweile sind wir etwa 10 Teilnehmer, und nach einer kurzen Sicherheitseinweisung durch den „Captain“ geht es endlich los. Das Cockpit mit Doppelsteuerstand hat enorme Ausmaße und man sitzt wie in einer Jolle auf dem Cockpit-Rand. Gut, das ist keine Fahrtenyacht mit viel Komfort, sondern eine schnelle Rennyacht, wo es nur um Geschwindigkeit geht – bis zu 12 Knoten werden uns versprochen …

Wir verlassen unter Motor die Anlegestelle in der Kona Kai Marina (Shelter Island) und sind 3 Minuten später im Bereich des Überganges der San Diego Bay in den offenen Pazifik. Die San Diego Bay ist bekannt für hervorragende Segelbedingungen, schönes Wetter und konstanten Segelwind (oft um 3-4 Bft). Die Bucht ist etwa 7 sm lang bei etwa 2 sm Breite. An der östlichen/nördlichen Seite der Bucht liegt die Stadt San Diego mit Downtown-Skyline, Anlegestelle der Fähren und dem bekannten historischen Marinemuseum. Auf der westlichen bzw. südlichen Seite bildet die Halbinsel Coronado, auf der sich ein Militärstützpunkt befindet, den Schutz zum offenen Pazifik.

Es werden Freiwillige für die großen Doppelkurbel-Schotwinden (Coffee Grinder) gesucht. Schnell soll das Großsegel gesetzt werden, und die Freiwilligen dürfen ihre Muskelkraft an den „Grindern" testen. Unglücklicherweise gibt es Probleme am Vorliek des Großsegels, sodass erst nach ca. 20 Minuten das Großsegel gut durchgesetzt steht. Nun wird eine etwas kleinere Genua (Vorsegel) als die sonst übliche gesetzt, hat doch der Wind auf etwa 4-5 Bft zugelegt. Wir segeln raumschots (Wind von achtern) in Richtung Skyline von San Diego und die magische 10-kn-Marke wird sofort überschritten. Wir segeln dicht unter Land an den historischen Schiffen „Star of India" und „The California" vorbei. Direkt daneben liegt ein historischer Flugzeugträger der amerikanischen Marine. Nach mehreren Halsen (Segelmanöver) geht es auf Am-Wind-Kurs die San Diego Bay wieder hoch Richtung Pazifik. Jeder darf Rudergehen und Captain Lynn achtet darauf, dass alles gut läuft und keiner zu kurz kommt. Ich kann es kaum erwarten, bis ich für etwa 20 Minuten ans Ruder darf, und bin erstaunt, wie leicht und kontrolliert das Boot auch bei Wenden und Halsen reagiert. Zum Abschluss will uns der Skipper noch die „faulen“ Seelöwen zeigen, die ihr Quartier auf den verschiedenen Fahrwassertonnen am Ausgang der Bay aufgeschlagen haben. Mir gefällt der Trip so gut, dass ich beschließe, in zwei Tagen nochmal mit meinem Sohn Christian wiederzukommen. Es sollte sich lohnen, wurde da doch die 12-kn-Marke „geknackt“ …

Unglücklicherweise neigt sich unsere Kalifornienreise nun langsam dem Ende, sodass keine Zeit mehr bleibt für die anderen Segelmöglichkeiten der San Diego Bay, beispielsweise Segelausflüge auf einem Cat oder einer Fahrtenyacht. Wie auch immer, am Freitag, ein Tag vor dem Abflug nach Deutschland, ist noch ein Motorbootausflug in der so genannten Mission Bay geplant, einem geschützten Revier, in dem jede Art von Wassersport – auch mit kleineren Booten – betrieben werden kann. Hmh, Motorbootfahren als Segler – mein Sohn hatte mich überredet, schließlich gibt es dort auch eine Open-Speed-Strecke …

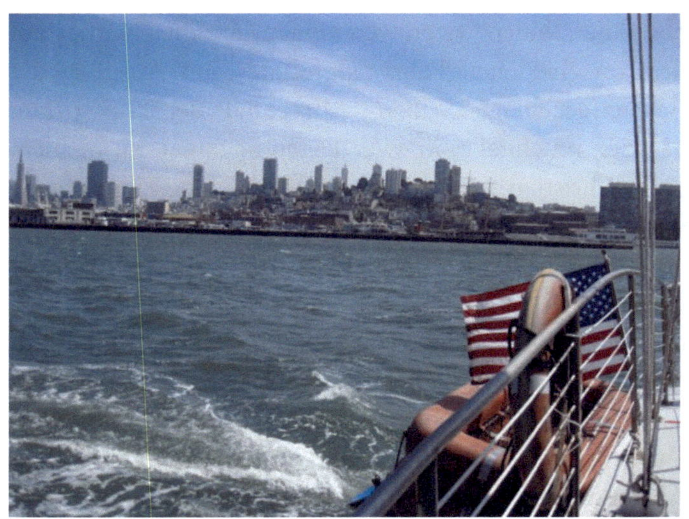

In der San Francisco Bay

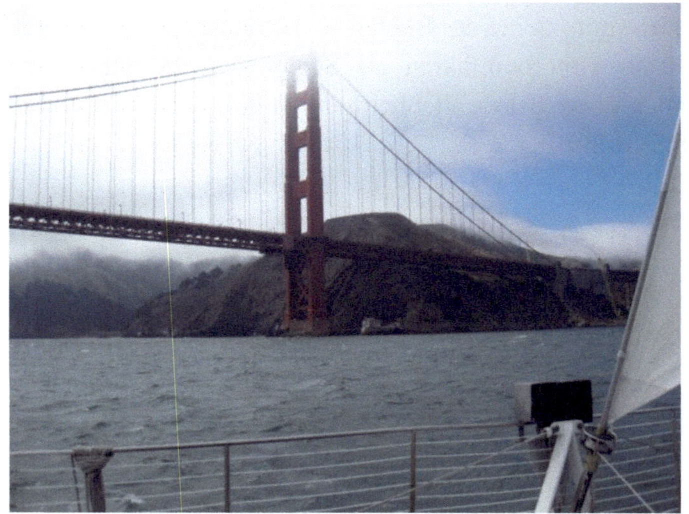

Segeln an der Golden Gate Bridge

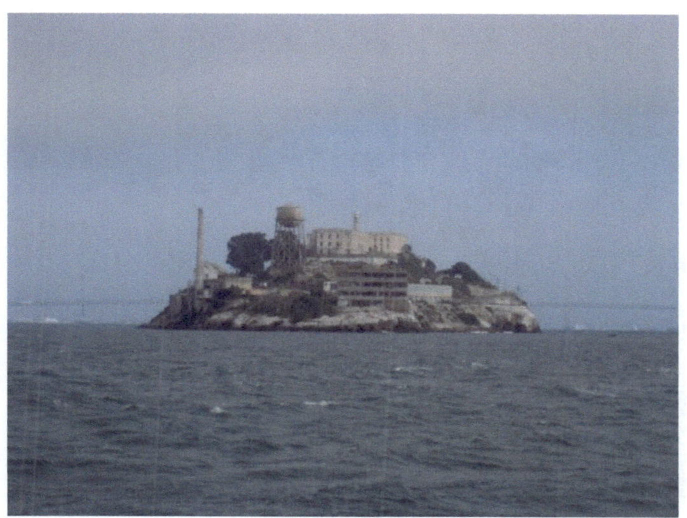

Alcatraz

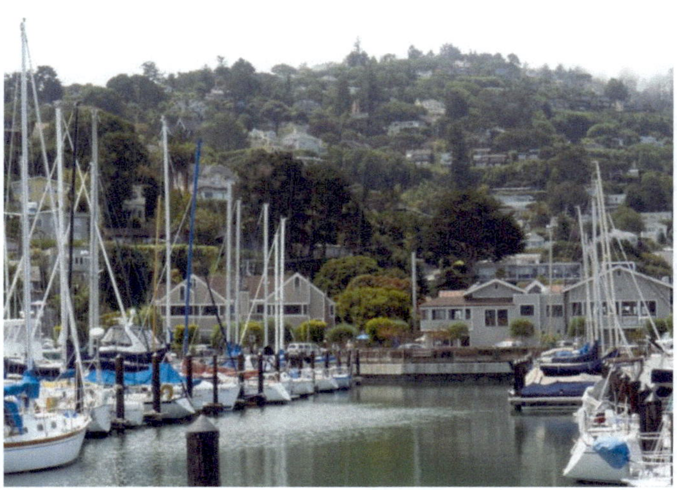

Sausalito

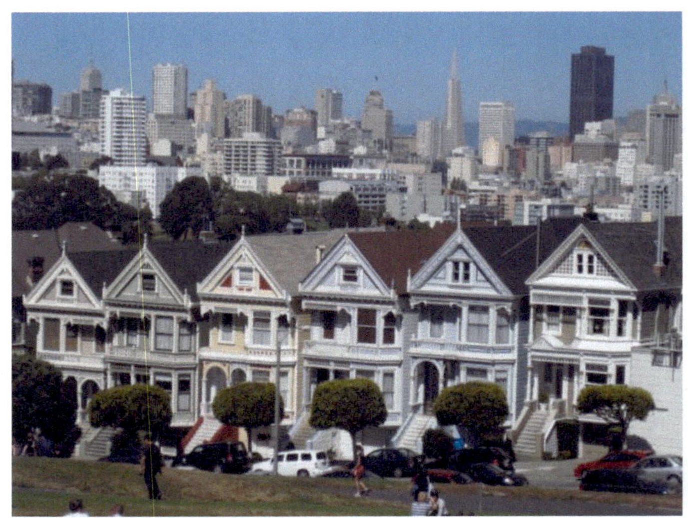
Alt und Neu in San Francisco

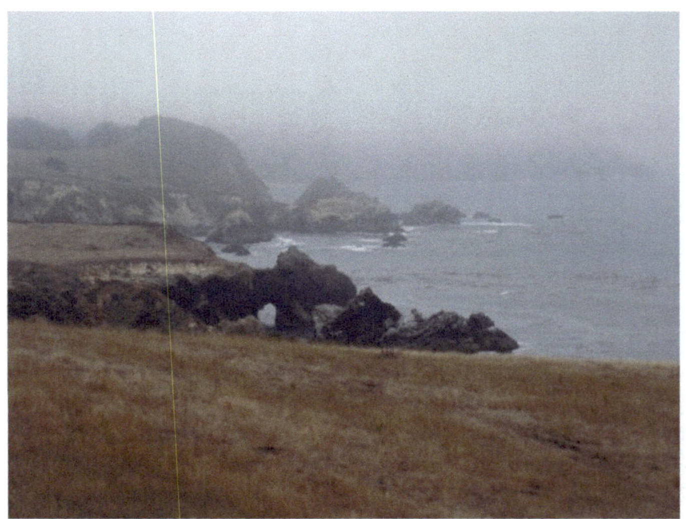
Im Küstenabschnitt Big Sur

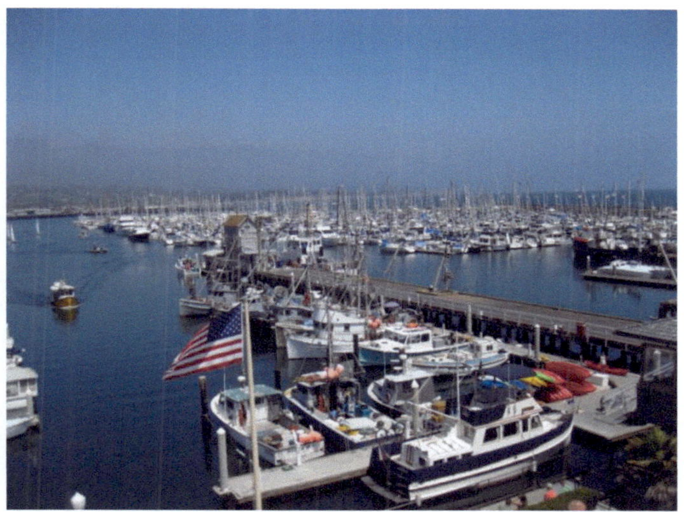

Der Hafen von Santa Barbara

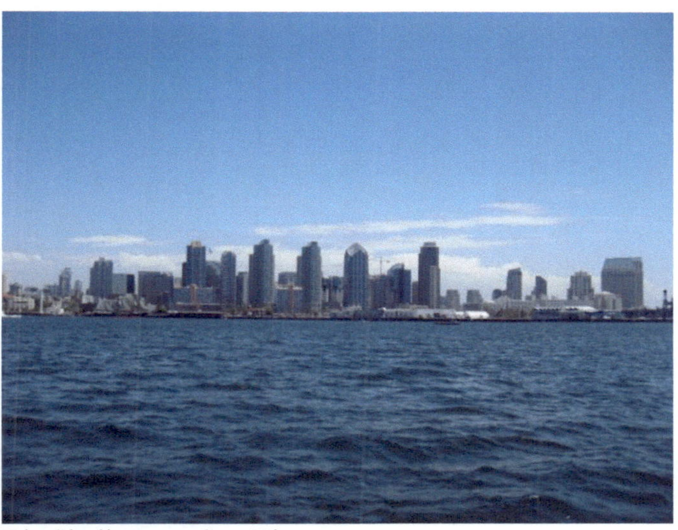

Die Skyline von San Diego

Segeln im Naturhafen von Halifax

Kanada

Heute ist Samstag, der 28. Sept. 2013, Wochenende und entsprechend gut besucht ist der Boardwalk an der Halifaxer Waterfront. Nicht nur Touristen, sondern auch viele Einheimische mit Kindern suchen hier bei bestem Wetter mit 22 °C (im Schatten) und wolkenlosem Himmel etwas Ablenkung und Entspannung. Neben den üblichen kulinarischen „Attraktionen" einfacherer Art bietet die Waterfront des zweitgrößten Naturhafens der Welt auch eine erstaunliche Anzahl guter Restaurants mit Schwerpunkt natürlich auf Lobster und Fisch, wie sollte es auch anders sein. Die Restaurants nutzen die Gelegenheit und bieten viele Tische in der noch wärmenden Herbstsonne an.

Trotz dieser Verlockungen verfolgen meine Frau Sigrid und ich (Michael) ein vielmehr anderes Ziel – wir wollen Segeln gehen. Nun gut, ich hatte mir im Vorfeld via Internet einige Informationen beschafft, manchmal sieht es dann jedoch vor Ort ein bisschen anders aus als erwartet. So erfahren wir am Ticket-Schalter an Murphy's Wharf, dass das Tallship "Silva", ein Drei-Mast-Schoner, heute nicht auslaufen wird. Uns wird stattdessen ein rund zweistündiger Trip an Bord der Segelyacht „Mar", eine 75-Ft.-Ketsch (ca. 23 m Länge), empfohlen. Eine Ketsch ist eine zweimastige Segelyacht auf der der vordere Mast höher als der hintere ist, manchmal wird dieser Yachttyp auch als Eineinhalb-Master bezeichnet.

Da wir bis zum Boarding noch eine Stunde Zeit haben, schauen wir uns noch die historischen, restaurierten Anlagen (Historic Properties) an. Unweit unserer Ablegestelle liegt auch das „Maritime Museum of the Atlantic“, hier geht es natürlich um Seefahrt und nicht zuletzt um die Titanic, die 1912 mehrere hundert Seemeilen vor der Küste mit einem Eisberg kollidierte und versank. New York war das geplante Endziel der Jungfernfahrt der Titanic. Auf Friedhöfen in Halifax sind mehr als hundert der Opfer beigesetzt. Etwa 1,5 km weiter südlich befindet sich ein Museum an Pier 21, das über die Geschichte der rund 1 Million Einwanderer informiert, die im 20. Jahrhundert hier an Land gingen.

OK, nun geht es los, alle Mann an Bord. Ich bin überrascht, dass sich doch mehr als 20 Mitsegler eingefunden haben, um einige entspannte Stunden an Bord zu verbringen. Sigrid und ich machen es uns auf dem Vorschiff in der Höhe des Großmastes bequem, hier haben wir eine tolle Sicht und schon nach wenigen hundert Metern nach dem Ablegen werden die Segel gesetzt. Da der Wind nur mit geschätzten 1 bis 2 Bft weht – das ist wirklich nicht viel – lässt Skipper John den Motor mitlaufen. Es geht Richtung Hafenausfahrt vorbei an den im riesigen Naturhafen liegenden kleinen Inseln. Beeindruckend ist die

Sicht auf die Skyline von Halifax und auf scheinbar unberührte Natur direkt nebenan. Auf der ersten, kleineren Insel steht einer dieser typischen Leuchttürme, von denen es an der Küste von Nova Scotia bis Maine (USA) bis zu 1000 geben soll. Schnell werden die Fotoapparate gezückt, um die entsprechenden Beweisfotos zu schießen. Nach einer knappen Stunde und vielleicht 6 Kilometern Fahrt durchs Wasser sind wir fast an der Ausfahrt des riesigen Naturhafens angekommen, als ich im Wasser den Kopf eines Seelöwen (Seal) erblicke, unglücklicherweise bin ich nicht schnell genug und kann nur ein unscharfes Foto machen. Unser Schiff wendet vor der Hafenausfahrt, und es geht zurück Richtung Anlegestelle, dabei umrunden wir die kleine Insel mit dem Leuchtturm.

Nach knapp zwei entspannten Stunden sind wir nun wieder an Land und haben noch Zeit, uns die Stadt Halifax anzusehen. Halifax wird überragt von einer alten Festungsanlage auf dem Citadell Hill. Damit die Soldaten auch immer pünktlich zum Exerzieren antreten konnten, ließ seinerzeit der Herzog von Kent (um 1800) den Uhrenturm von Halifax errichten. So wusste jeder, was die Stunde geschlagen hatte ...

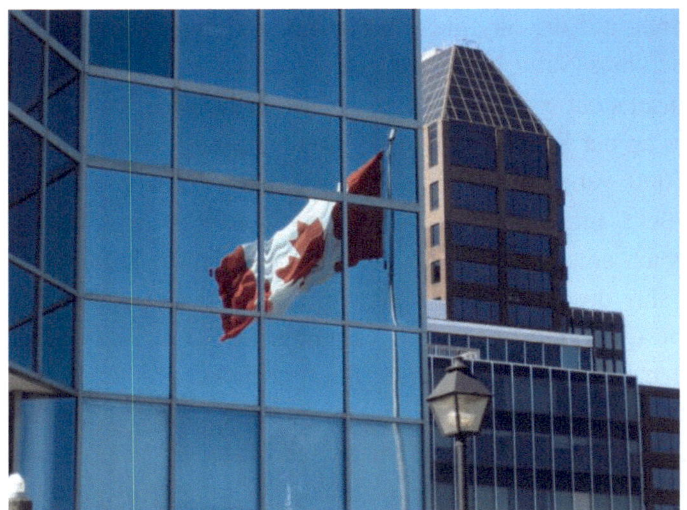

Welcome Canada

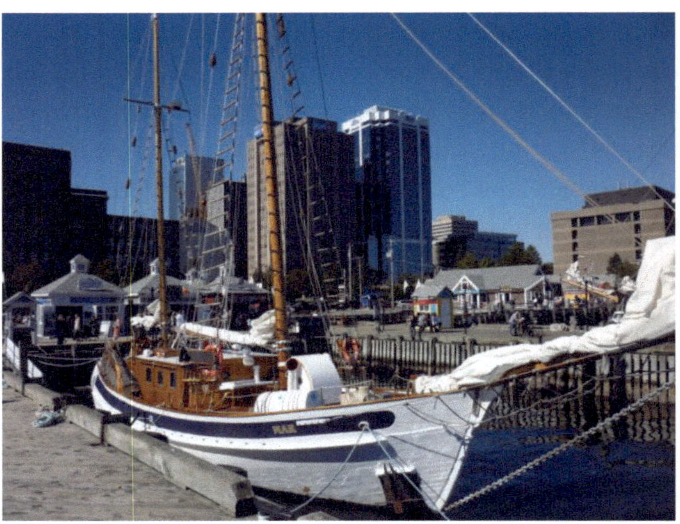

Yacht Mar

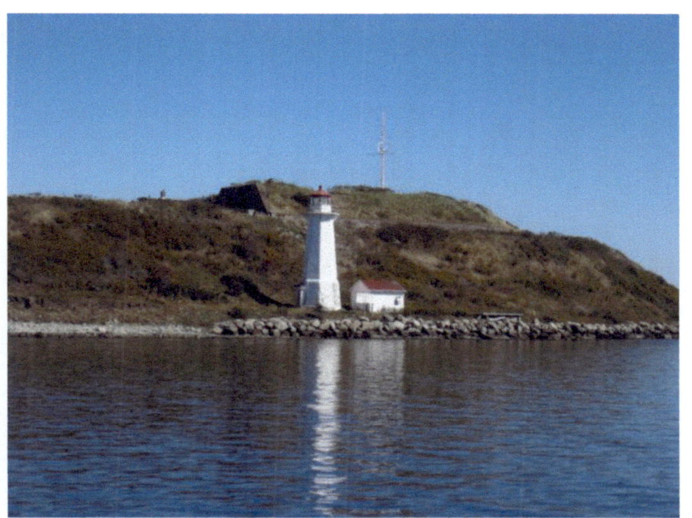

Leuchtturm auf einer Insel im Halifaxer Naturhafen

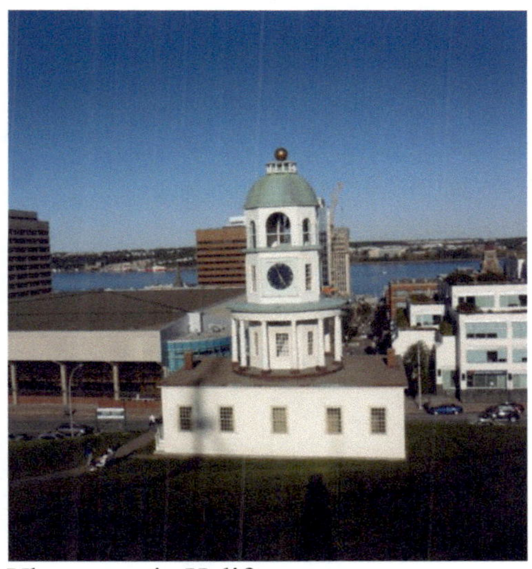

Uhrenturm in Halifax

In der Karibik – auf Tagestörn

Antigua und Dominikanische Republik (Februar 2018)

St. John's (Antigua)

Bei einem Sonne-Wolken-Mix mit einer Lufttemperatur von morgens 25 °C und einer Wassertemperatur von 26 °C, verbunden mit einer frischen Brise, starten wir am Vormittag zu unserem Schnorchelausflug. Unser Catamaran „Sea Breeze" besitzt eine beachtliche Länge von 63 Ft (etwa 18 m) und verspricht eine interessante Tour zum Schnorchelgebiet etwas nördlich von St. John"s, rund eine Seemeile von der Küstenlinie entfernt. Unter Motor verlassen wir zügig den Hafen, um kurze Zeit später die große Genua (Vorsegel) des Catamarans zu setzten. Einige der vielleicht 20 Teilnehmer machen es sich vorne auf dem Netz zwischen den beiden Catrümpfen bequem, Sigrid und ich bleiben lieber im Schatten unter der Überdachung des Catamarans und prüfen unsere mitgebrachten Taucherbrillen und Schnorchel. Wir benötigen lediglich Flossen, die leihweise von der Crew ausgegeben werden, was sich allerdings bei meiner Schuhgröße von 46+ als kleines Problem herausstellt. Schließlich findet sich doch noch ein passendes Paar … Durch den stetigen, frischen Wind hat sich eine deutliche Welle von etwa einem halben Meter aufgebaut, so dass einige Teilnehmer anfänglich etwas Schwierigkeiten haben, ins Wasser zu kommen. Sigrid erweist sich als perfekte Schnorchlerin und folgt dem Schnorchel-Guide in kurzem Abstand. Nach einer knappen Stunde sind schließlich alle wieder gut gelaunt auf dem Cat und sind froh, sich etwas ausruhen zu können – war ja schon anstrengend, zumindest ein bisschen. Insgesamt haben wir rund 12 Seemeilen zurückgelegt, die ich mir in mein Seglerbuch als Erinnerung eintrage – und Delfine haben wir auch noch gesichtet, nicht schlecht.

Am Nachmittag fahren Sigrid und ich mit dem Taxi (10 US $) zum berühmten „Coconut Grove Beach", einige Kilometer nördlich von St. John"s in der Dickenson Bay gelegen. Wahrzeichen des Strandes ist eine alte, englische Telefonzelle direkt am Strandeingang, die auch auf vielen Postkarten abgebildet ist. Liegen und Strandschirme sind in ausreichender Anzahl vorhanden und können für einige Stunden gemietet werden. Neben Strandbars reichen auch kleine Hotelchalets direkt bis an den Strand. Nach einer Viertelstunde Strandspaziergang lassen wir uns in der Nähe eines Strand-Restaurants, das auf Stelzen im flachen Wasser steht, nieder. Das Restaurant macht schon von Weitem einen durchaus einladenden Eindruck, und neugierig schauen wir auf die ausgehängte Speisekarte. Hmh, ein Gemüsecrêpe für 55 $ und ein Steak für 100 $ sind mir dann doch ein bisschen zu viel.

La Romana (Dominikanische Republik)

Heute wollen wir einen „echten“ Karibikstrand erleben, mit glasklarem Wasser, feinem Sand und natürlich Palmen. Die Voraussetzungen sind – wie üblich bei 28 °C – perfekt, und wir starten schon vor 9.00 Uhr morgens mit dem Motorcat zur Isla Saona, die rund 40 km östlich von La Romana liegt. Mit etwa 20 kn (etwa 40 km/h) gibt der Skipper ganz schön Gas, und wir gleiten zügig durch das Wasser. Die Crew ist sehr aufmerksam und bietet Softdrinks zur Erfrischung, gerne auch mit Rum verstärkt.

Als Zwischenstopp ankern wir im hüfthohen, glasklaren Wasser einer Sandbank. Schnell springen die Ersten ins Wasser, um zu schwimmen oder den palmengesäumten Strand zu erkunden. Karibik pur! Ganz unermüdliche Zeitgenossen vollführen im Wasser diverse Trinkspielchen, ich gehe lieber etwas schnorcheln. Nach dem grandiosen Badestopp macht der Motorcat noch einen Abstecher in ein nahegelegenes Mangrovengebiet, von Fischen gerne als Rückzugsgebiet genutzt bei aufkommenden tropischen Stürmen.

Nach Ankunft auf Isla Saona erwartet uns ein reichhaltiges Strand-Buffet mit gegrilltem Fleisch, Nudeln und Salat. Wir greifen gerne zu – sehr schmackhaft. Der Strand wirkt naturbelassen, die Palmen reichen bis dicht ans Wasser. Nach einer kleinen Erkundungstour machen wir es uns auf einer Liege bequem und beobachten die

Segel- und Motoryachten, die entlang der Küste an uns vorbeiziehen. Herrlich!

Für die Rückfahrt brauchen wir doch mehr als eine Stunde, obwohl der Skipper den Gashebel ordentlich durchdrückt. Viel Gischt weht uns ins Gesicht, und manche Teilnehmer lassen es sich mit Rum-Cola gutgehen. Wieder an Land kann bei manchen der typisch seemännische Gang beobachtet werden …

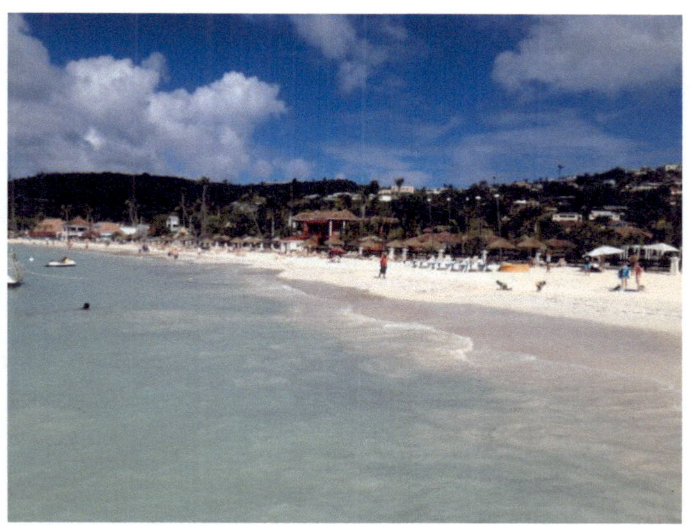

Coconat Grove Beach (Antigua)

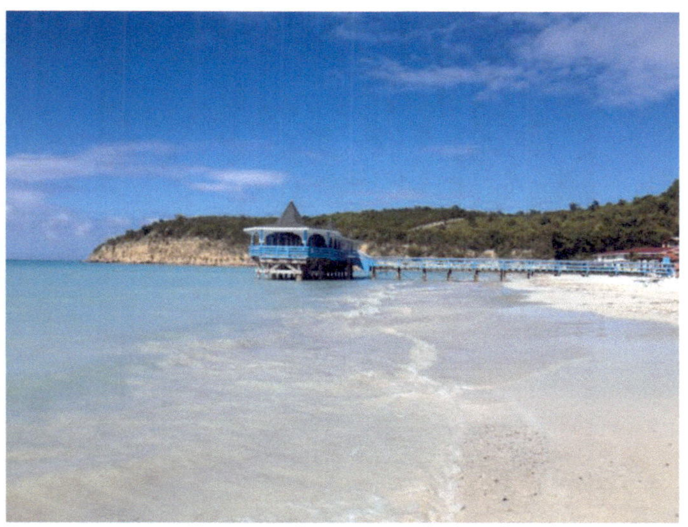

Restaurant am Coconat Grove Beach (Antigua)

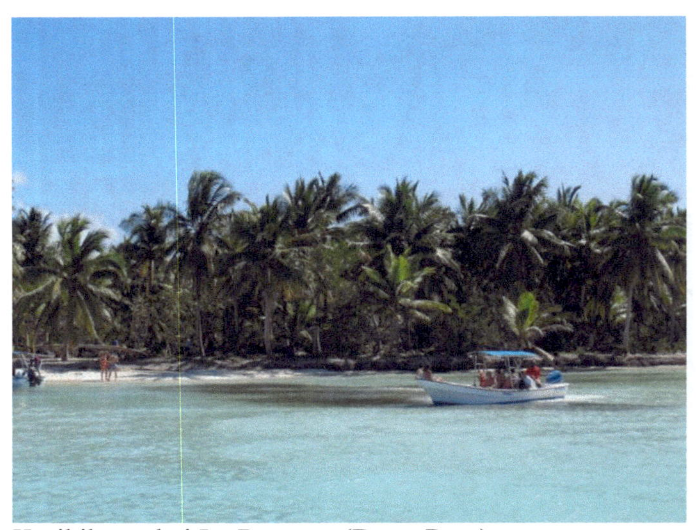

Karibik pur bei La Romana (Dom. Rep.)

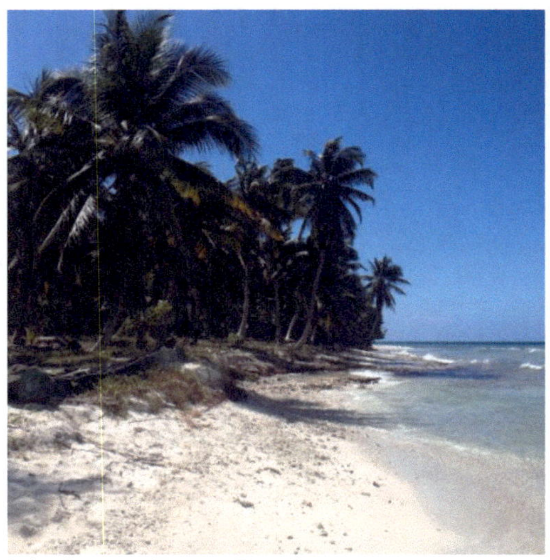

Isla Saona (Dom. Rep.)

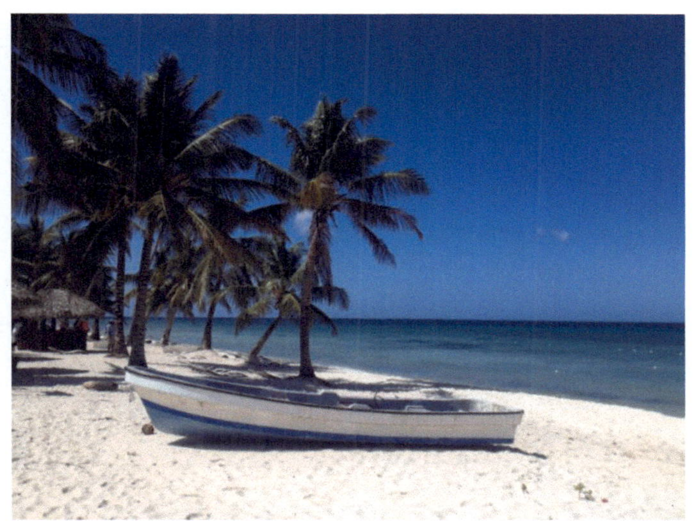

Auf Isla Saona (Dom. Rep.)

Einmal rund Mallorca, bitte!

Auf Kojencharter im Mittelmeer

Eine Woche Balearen-Törn stand auf dem Gutschein, den ich anlässlich meines 50. Geburtstages Anfang des Jahres von meiner Frau geschenkt bekommen hatte. Immerhin eine vernünftige Alternative zu den Geschenken, die sonst Segler manchmal zu solchen Anlässen bekommen, wie z.B. schweres Ölzeug für Offshore-Reisen (das selten zum Einsatz kommt) oder eine Kreuzfahrt mit Rundum-Service (auch nicht schlecht). Prima, dachte ich, so kommst du mal eine Woche raus, kannst abschalten und Segeln gehen. Da ich den Zeitpunkt des Törns selbst bestimmen konnte, wählte ich Anfang Juni, da ist es üblicherweise auf den Balearen noch nicht zu heiß, jedoch warm genug, um entspannt – hoffentlich in Shorts und T-Shirt – segeln zu können. Mallorca selbst kannte ich schon gut durch viele Segel-Aktivitäten speziell im Norden der Insel, angefangen vom Jollensegeln über Sportkieler und Yacht bis hin zu gelegentlichem Aushelfen als Schiffsführer in einer dort ansässigen Segelschule. Mallorca hatte ich bisher schon zweimal umrundet, nun sollte es mein dritter Balearen-Törn werden. Nachdem ich Pfingsten noch mit meinem Segelfreund Uli auf dem Ijsselmeer mit seiner Dehlya 25 unterwegs war (immerhin bei Windstärke 5), wartete nun eine Bavaria 46 in

Pto. Pollensa auf mich. Samstag (6. Juni 2009) sollte es losgehen …

Samstag, 6. Juni, Pto. Pollensa

Ich lande am späten Mittag in Palma. Es sind etwa 25°C bei leichter Bewölkung, und ich verstaue mein Sweatshirt in meiner Segeltasche und beschließe, mit dem Taxi nach Pto. Pollensa zu fahren (immerhin hatte ich ja Geburtstag …). Aufgrund der neuen Inselautobahn erreiche ich nach knapp einer Stunde Pto. Pollensa im Norden der Insel, dieser Service kostet mich schließlich rund 70 €, und ich denke, naja, die Liegegebühren werden auch nicht günstiger sein. Treffpunkt von Crew und Skipper soll um 17.00 Uhr an der Segelschule Sail&Surf Pollensa sein, über die der Balearen-Törn gebucht ist.

Da ich noch etwa zwei Stunden Zeit habe, gehe ich zum Yachthafen und schaue, ob ich unser Schiff mit namens Adelante (heißt „Vorwärts") finden kann. Ich sehe die Bavaria 46 direkt gegenüber der Duschanlagen und einem kleinen Bistro, ein nicht zu unterschätzender Vorteil für Sonntagmorgen, denn schließlich soll es am Sonntag nach Frühstück und Sicherheits-/Bootseinweisung zügig losgehen.

Gegen 17.00 Uhr sitze ich bei einer Cola an der Segelschule und harre der Dinge, die da kommen werden. Auf mein Nachfragen bei der Segelschule hatte man mir im Vorfeld mitgeteilt, dass wahrscheinlich insgesamt sechs Personen plus Skipper den Törn mitsegeln werden. OK, wenn man bedenkt, dass ich schon Törns in Skandinavien mit zehn Personen auf Schiffen ähnlicher Größe gefahren bin. Unwillkürlich werde ich etwas ungeduldig, je näher die 17.00-Uhr-Marke kommt, und stelle mir die Frage, wer wohl dabei sein wird. Bis auf Skipper Alois, den ich aus meinen Aktivitäten in der Segelschule kenne und schätze, sind mir alle anderen unbekannt. Zu meiner eigenen Beruhigung sage ich mir: „Mensch, du hast schon so oft Kojencharter gemacht, bisher hat es immer gut geklappt …“ – um es vorweg zu nehmen, ich bin nicht enttäuscht worden, im Gegenteil, es sollte eine sehr schöne Woche werden.

Schließlich sehe ich Alois, wir drücken uns kräftig die Hände und er erzählt mir, dass noch ein Pärchen Ende 30 aus Berlin und ein weiteres Paar aus der Gegend um Stuttgart dabei sein werden sowie unter Umständen eine weitere Person (kam dann doch nicht). Das Pärchen aus Berlin, Nora und Sebastian, stoßen kurze Zeit später zu uns, die anderen Zwei sollen gegen 20.00 Uhr eintreffen. Wir stellen uns gegenseitig vor und Alois fragt nach den Segel-Kenntnissen. Die Berliner können Aktivitäten auf A-Schein-Niveau und Yacht-Grundkenntnisse vorweisen, ich selbst halte mich etwas zurück und sage lediglich, dass ich schon einige Törns gefahren bin und mich ganz gut auskenne (habe SHS Sporthochseeschifferschein).

Alois legt die Seekarte mit Mallorca und Menorca auf den Tisch und fängt die Diskussion zum Törnverlauf an, wobei sich im Laufe des Gespräches herausstellt, dass unsere Berliner gerne nach jeder Tagesetappe in einen Hafen einlaufen möchten. Somit fällt Menorca flach und die Tendenz geht dahin, rund Mallorca zu versuchen. Eine endgültige Entscheidung soll aber erst getroffen werden, wenn die beiden anderen Crewmitglieder eingetroffen sind.

Um die Zeit sinnvoll zu nutzen, gehen wir im Supermarkt einkaufen, was man so in den ersten Tagen brauchen könnte: Wasser, Cola, Saft, Wein und Bier, Marmelade, Butter, Salami usw. sowie zwei riesige Gläser Nutella, wovon eins am Ende der Reise übrig sein wird. Wir schaffen alles in den kleinen 2-sitzigen Werkstattwagen der Segelschule und transportieren es zum Schiff, laden aus und verstauen die Lebensmittel. Wir nehmen eine erste Kojeneinteilung vor, und ich habe Glück, dass ich die achterne Steuerbord-Kabine alleine beziehen kann.

Gegen 20.00 Uhr treffen Stefania und Jens aus dem Stuttgarter Raum ein und beziehen die übrig gebliebene achterne Backboard-Kabine. Beide schätze ich auf Mitte 30 mit Segelerfahrungen auf SKS-Niveau (SKS Sportküstenschifferschein). Wir beschließen, im Ort Essen zu gehen und entscheiden uns für den „Kleinen Martin“, ein Geheimtipp in Pto. Pollensa, mit guter Mediterraner Küche. Todmüde lege ich mich gegen 24.00 Uhr in meine Koje und freue mich auf die nächsten Tage.

Sonntag, 7. Juni, Pto. Pollensa – Colonia de San Pedro (21 sm)

Ich werde gegen 7.30 Uhr wach, mache mich frisch und die gesamte Crew sitzt gegen 9.30 Uhr am Frühstücktisch im Salon. Das Wetter sieht gut aus, sonnig und wenig Wolken, der Wind ist eigentlich ideal, um nach Menorca rüber zu segeln, doch die Crew hat sich nun endgültig für rund Mallorca entschieden. Alois macht eine zweistündige ausführliche Bootseinweisung, alle sind sehr aufmerksam, bis auf Jens, der sich ausruht, da ihm etwas schlecht ist. Nach einer Reisetablette geht es ihm jedoch schnell wieder besser, und wir können um 13.00 Uhr sagen: „Leinen los."

Nach Ausfahrt aus dem Hafen übernimmt Jens das Ruder, und wir fahren etwa eine Seemeile, um dann Segel zu setzten. Mit 5 kn segeln wir vorbei an der Cala Formentor mit dem berühmten Hotel Formentor, in dem schon viele bekannte Persönlichkeiten zu Gast waren. Die Bucht von Pollensa ist eins der schönsten Segelreviere im Mittelmeerraum, bietet sie doch mit ihrer Ausdehnung von etwa sieben mal vier Seemeilen fast die Bedingungen, wie man sie auf einem großen Binnensee findet. Umrahmt wird die Bucht von grandiosen Gebirgszügen, ganz am Ende das eindrucksvolle Cap Formentor mit seinem Leuchtturm. Nach einer guten Stunde bei Halben Wind steuern wir um das Cap Pinar am östlichen Ausgang der Bucht von Pollensa und nehmen Kurs bei achterlichen Winden auf unser Tagesziel „Colonia de San Pedro“ am östlichen Teil der großen Bucht von Alcudia. Neugierig auf das Steuerverhalten des Schiffes wird am Ruder zügig durchgewechselt, und ich fahre meine erste Halse mit der „Adelante“ völlig problemlos. Schließlich sind wir gegen 17.00 Uhr kurz vor der Hafeneinfahrt und Stefania ruft über Funk in perfektem Spanisch den Hafenmeister zwecks Liegeplatz. Stefania stammt aus der ital. Schweiz, ist ein Sprachgenie und wird schnell „ausgeguckt“, im Verlauf der Reise die „Verhandlungen“ mit den Einheimischen (Marinéros, Kellner) zu führen. Nach dem Einlaufen in den Hafen machen wir auf Zeichen des Marinéros längseits im Bereich der Fäkalienabsaugung (naja) fest, der Hafen ist voll. Es folgt das obligatorische Anlegerbier – ich trinke gerne die spanische Version von Alsterwasser (Shanty). Die Duschen sind einfach, aber sauber. Abends gehen wir in dem kleinen Ort essen. Im Restaurant nahe der Dorfkirche (Empfehlung eines Einheimischen) sind wir die einzigen Gäste, was allerdings der guten Qualität des Essens widerspricht. Insbesondere der Rotwein schmeckt vorzüglich und Jens schreibt sich die Marke auf.

Montag, 8. Juni, Colonia de San Pedro – Pto. Christo (44 sm)

Allseits gut gelaunt laufen wir nach Bordfrühstück aus, um zunächst den östlichen Punkt der Bucht von Alcudia hinter uns zu lassen und schließlich auf SE-Kurs Richtung Cala Ratjada zu gehen. Am frühen Nachmittag verschlechtert sich die Wetterlage, der Wind nimmt deutlich auf 5-6 Bft zu und wir müssen Am Wind mit dem 2. Reff im Großsegel gegenan. Mit der Zeit baut sich eine deutliche Welle von etwa 2-3 m auf und unten im Salon spürt man das ‚Auf und Nieder" des Bootes besonders deutlich. Jens, Sebastian und ich wechseln uns am Ruder ab, Alois hat stets die Segel im Blick und sorgt dafür, dass alles optimal läuft. Beim Trimmen der Segel zeigen er und Jens, dass sie beide an den Winschen kräftig zulangen können.

Gegen 16.00 Uhr beschließen wir, Cala Ratjada anzulaufen, man merkt, dass die Segellust aufgrund der Welle stark abgenommen hat. Beim Bergen der Genua, kurz vor der Hafeneinfahrt von Cala Ratjada, reißt das Rückholseil der Rollreffanlage, die Genua weht voll aus, und wir müssen in den Wind gehen. Alois zieht die Genua manuell vom Vorstag auf das Vordeck und legt sie dort notdürftig zusammen. Dieser Vorfall hat allen einen kleinen Schreck versetzt, und wir hoffen nun in Cala Ratjada zur Ruhe zu kommen. Unglücklicherweise ist der Hafen pickepacke voll, und wir müssen weiter nach Pto. Christo.

Dort laufen wir am späten Nachmittag ein und legen römisch-katholisch am Schwimmsteg vom Club Nautico an. Alois geht sofort daran, den Schaden am Rollreff zu untersuchen, und nach kurzer Zeit kann er Erfolg vermelden, die Rollreffleine ist wieder befestigt. Alle sind erleichtert, dass kein größerer Schaden eingetreten ist. Nora und Sebastian müssen ihre Matratzen und Bettdecken an Deck trocknen, offensichtlich war das Vorschiffsluk nicht ganz dicht verschlossen …

Ziemlich hungrig freuen wir uns auf das Essen in einem guten Restaurant, so wenigstens die Empfehlung von Ralf, einem anderen Skipper, den Alois am Steg von Pto. Christo zufällig getroffen hat. Nach einem kleinen Fußmarsch von etwa 10 Minuten auf die andere Seite des Naturhafens werden wir nicht enttäuscht und lassen den Abend bei einem guten Essen ausklingen.

Dienstag, 9. Juni, Pto. Christo – Sa Rápita (54 sm)

In Erwartung besseren Wetters und günstigerer Winde brechen wir gegen 11.00 Uhr auf. Ich stehe am Ruder und habe die erste Stunde schönste Segelbedingen bei 3-4 Bft aus SW. Zwischenzeitlich teste ich den Autopiloten, eine hilfreiche Einrichtung bei konstanten Kursen. Unter Deck beschäftige ich mich gerne in der Navigationsecke mit Kartenplotter und GPS, sodass ich schnell die Rolle des Navigators übernehme.

Am späten Mittag frischt der Wind auf, die Bewölkung nimmt zu, und nach kurzer Zeit hat sich wiederum eine deutliche Welle entwickelt. Wir müssen mit 1. Reff im Groß und eingereffter Genua stundenlang kreuzen. Nachmittags lege ich mich in den Salon, um etwas Augenpflege zu betreiben, allerdings halte ich es nur kurz aus, zu stark sind die Schiffsbewegungen zu spüren. Nora liegt im Vorschiff, sie ist richtig seekrank. Ich gehe wieder an Deck und melde mich freiwillig ans Ruder. Schnell fühle ich mich besser und bin froh, als wir deutlich die Insel Cabrera erkennen können. Bald geht es um den südostlichen Teil von Mallorca mit Kurs auf Sa Rápita vorbei an Colonia San Jordi und am berühmten Strand Es Trenc.

Ziemlich müde dürfen wir um kurz nach 20.00 Uhr an der äußersten Stelle des Wartekais in Sa Rápita festmachen. Der Hafen ist voll, die Wege zu den Duschen sind weit, und wir freuen uns alle über die „niedrigen" Liegegebühren von 86 €. Da keiner so richtig Lust hat, noch im Ort Essen zu gehen, kocht Stefania eine ausgezeichnete Pasta in Tomatensauce, die hungrig von allen im Cockpit verspeist wird.

Mittwoch, 10. Juni, Sa Rápita – Pto. Andraitx (37 sm)

Das Wetter hat sich beruhigt, und wir legen unter Eindampfen in die Vorspring ab. Unser erstes Tagesziel ist

„Cala Pi“, hier wollen wir mittags ankern und etwas Siesta machen. Kurz nach 12.00 Uhr erreichen wir diese sehr bekannte und wunderschöne kleine Bucht und lassen auf Sand den Anker auf etwa 4 m Wassertiefe fallen. Wenn man länger bleiben möchte, sollte zur Sicherheit auch eine Heckleine gelegt werden. Schwimmen traut sich keiner von uns, da im Wasser viele Quallen zu beobachten sind. Nach etwa einer Stunde brechen wir gestärkt von Bananen und Keksen wieder auf und segeln bei konstant Halben Wind mit 3 Windstärken an der langgetreckten Bucht von Palma vorbei. Zwischenzeitlich wird auf diesem Kurs der Autopilot eingesetzt, der von Sebastian hinter dem Ruder überwacht wird. Alle anderen müssen sich ausruhen und liegen entweder im Cockpit unter dem Bimini auf den Seitenbänken oder auf dem Vorschiff in der Sonne.

Kurz vor dem Hafen übernehme ich das Ruder, drehe einige Kreise im Hafenbecken, um Ausschau zu halten nach einem freien Liegeplatz. Schließlich winkt uns ein Marinéro zu einer kleinen freien Stelle, die für unser Boot zu schmal erscheint. Offensichtlich hat der Marinéro ein gutes Auge und wir passen perfekt hinein. Pto. Andraitx, bekannt als Ort der Schönen und Reichen, hält sein Versprechen bei einer satten Liegegebühr von 96 €. Im Hafen sind schon nette Yachten zu beobachten, die insbesondere durch ihre Größe bestechen. Mir persönlich sind jedoch die Duschen heute wichtiger, alles Einzelkabinen und – man kann solange duschen, wie man möchte. Stefania und Nora gehen im Ort einkaufen, schließlich überrascht uns Stefania wiederum mit einem perfekten Pasta-Auflauf mit Hackfleisch – aber alles gut durchgegart, wie sie mir versichert.

Donnerstag, 10. Juni, Pto. Andraitx – Pto. Sóller (30 sm)

Unter Motor – kaum Wind, dafür wolkenlos – geht es nach Pto. Sóller, dem einzigen Hafen an Mallorcas Westküste. Vorbei an der eindrucksvollen Insel Dragonera, die im Riss wie ein liegender Drache aussieht, sind wir mit 6 kn unterwegs. Am Steuer steht Nora, während Stefania an der Badeplattform ihre Füße badet (und manchmal eine Zigarette raucht). Die Westküste von Mallorca bietet einen grandiosen Anblick, schaut man doch praktisch direkt auf die Gebirgszüge des Tramontana-Gebirges. Zwischenzeitlich werden mehrere Delfine gesichtet, die sich offensichtlich von unseren Motorengeräuschen nicht abschrecken lassen. Mittags stärken wir uns mit Oliven, Brot und Salami und genießen das süße Nichtstun.

Im Hafen von Pto. Sóller fährt Jens ein perfektes Anlegemanöver und da es erst 16.00 Uhr ist, beschließen Stefania, Nora und Sebastian mit der Straßenbahn in das einige Kilometer entfernte Örtchen Sóller zu fahren. Ich derweilen gehe etwas spazieren, um später auf Alois und Jens zu treffen, die es sich bei mittlerweile 30 °C in einem Straßencafé gut gehen lassen. Abends besuchen wir auf Empfehlung eines Marinéros ein Restaurant direkt am Hafen, was sich aber als teure Enttäuschung herausstellt. Glücklicherweise gibt es in einer Kneipe anschließend noch gut gekühltes Bier, Cocktails und Whiskey, sodass unsere Stimmung bald wieder bestens ist.

Freitag, 11. Juni, Pto. Sóller – Pto. Pollensa (40 sm)

Heute ist unser letzter Törntag … Unter Motor geht es Richtung Cap Formentor, wir müssen uns beeilen, schließlich sollen wir gegen 17.00 Uhr im Hafen von Pto. Pollensa festmachen. Als Hilfe setzen wir den Autopiloten ein, Nora legt den „Hebel auf den Tisch“, und wir sind zügig an der nordöstlichsten Spitze von Mallorca. Cap Formentor querab können wir endlich Segel setzen, wollen wir doch als gute Crew unter Segel in die Bucht von Pollensa einlaufen. Unterwegs sehen wir Catamarane vom Typ Hobie 16 der Segelschule in der schönen Cala Murta liegen. Auf den letzten Seemeilen frischt der Wind noch mal auf, und wir können mit achterlichem Wind und einigen Halsen kurz vor der Hafeneinfahrt die Segel bergen. Es wird noch getankt, und um 17.30 Uhr heißt es leider „Leinen fest“.

Nun steht uns noch die freitägliche Abschiedsfeier der Segelschule bevor. Es gibt Tapas, anschließend werden die Gewinner der Freitagsregatta um den „Pollensa Racing Cup“ geehrt, Segelschüler erhalten nach bestandener

Prüfung ihre Scheine, und auch wir bekommen ein „Diplom“, dass wir erfolgreich Wind und Wellen getrotzt und dabei sogar 226 sm zurückgelegt haben. Alois will uns noch Geschmack auf mehr machen, zeigt er uns doch anschließend eine sehr schöne DVD eines Menorca-Törns. So wird es doch 1.30 Uhr, als wir nach einigen Gläsern roten Weines in die Kojen gehen. 8.00 Uhr ist aufstehen, Sachen packen, frühstücken im Bistro und Abfahrt Richtung Flughafen.

Ich habe eine tolle Segelwoche gehabt. Ein Geburtstagsgeschenk, an das ich gerne zurückdenke.

Fazit des Törns

Mallorca als Törnziel im Mittelmeer bietet gerade dem Einsteiger ins Yachtsegeln eine Vielzahl von Vorteilen. Neben der problemlosen Anreise per Flugzeug sind Häfen, Service und Infrastruktur gut ausgebaut. Chartermöglichkeiten (teilweise auch Kojencharter) finden sich im Süden der Insel in Palma, im Norden in Pollensa oder Alcudia – beide auch bestens geeignet als Absprunghäfen Richtung Menorca. Beliebte Reisemonate sind Juni, September und Oktober, dann ist es meist angenehm warm und nicht zu heiß. Die Winde sind größtenteils moderat, im Frühjahr oder Herbst kann es jedoch insbesondere bei nördlichen Winden recht ungemütlich werden. In Küstennähe bzw. in den großen Buchten (z.B. Bucht von

Pollensa) können auch thermische Winde auftreten, die durchaus 4 bis 6 Bft erreichen können. Tagesdistanzen von 30 bis 50 sm sind ohne größere Anstrengung möglich.

Die Herausforderungen aus navigatorischer Sicht sind überschaubar und beschränken sich meist auf die klassische terrestrische Navigation. Markante Punkte wie Caps und Felsformationen bieten gute Anhaltspunkte für den Rudergänger, da meist in Küstennähe auf Sicht gesegelt wird. Das Gebiet ist praktisch nicht betonnt und man ist gut beraten, beim Einfahren in die kleinen und schmalen Buchten und Calas auf Wassertiefe und Felsen zu achten. Fingerspitzengefühl ist bei Hafenmanövern in den teilweise recht vollen Häfen erforderlich, meist wird mit dem Heck voran römisch-katholisch angelegt. An der Ostküste befinden sich zahlreiche Buchten, in denen es sich hervorragend ankern lässt; die gut ausgebauten Häfen liegen teilweise nur einige Seemeilen auseinander. Die Westküste wird dominiert von den steilen Felsformationen des Tramuntana-Gebirges, weist allerdings nur einen Hafen (Sóller) auf.

Für eine Inselumrundung (etwa 220 sm) sollte wenigstens eine Woche eingeplant werden, dann jedoch ohne Hafentage oder längere Ankerstopps. Für einen Urlaubstörn sind sicherlich 10 bis 14 Tage optimal.

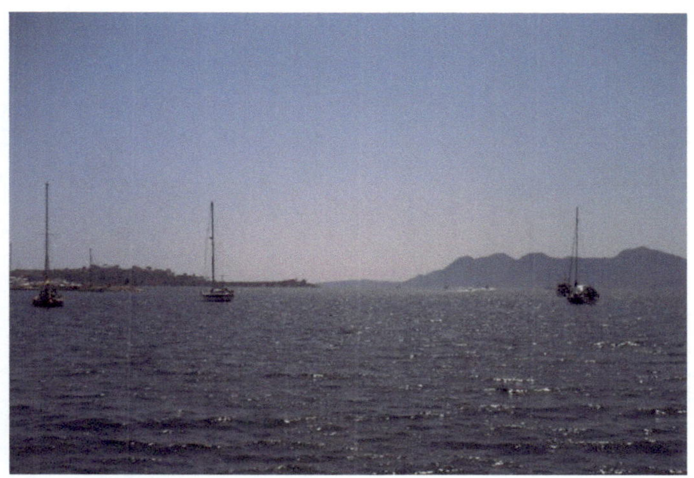

Die innere Buch von Pollensa

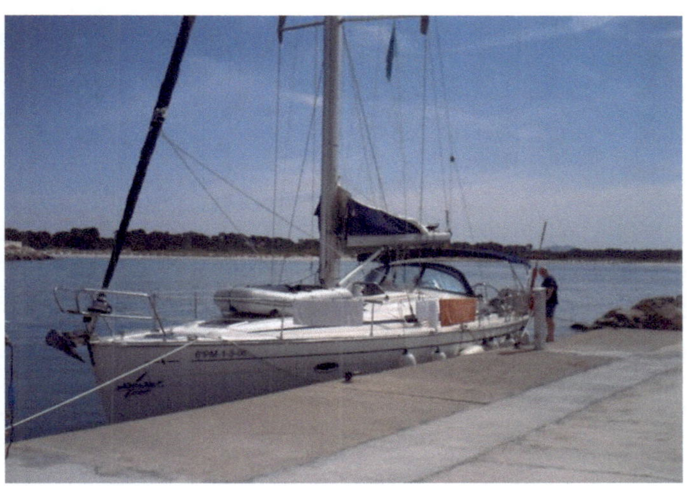

Unsere Adelante am Liegeplatz in Sa Rápita

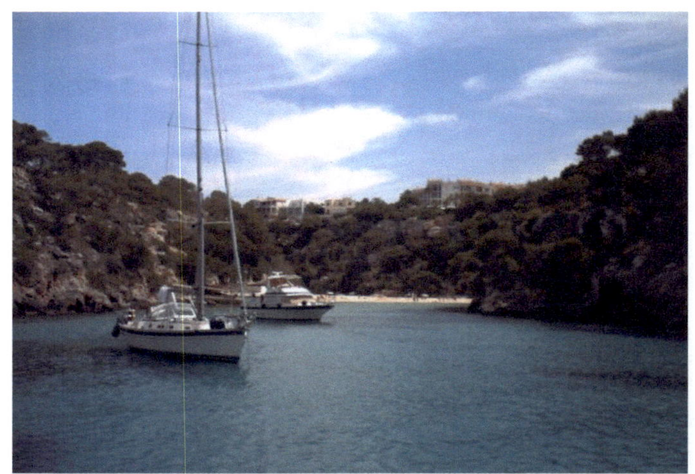

Mittagsruhe in der Cala Pi

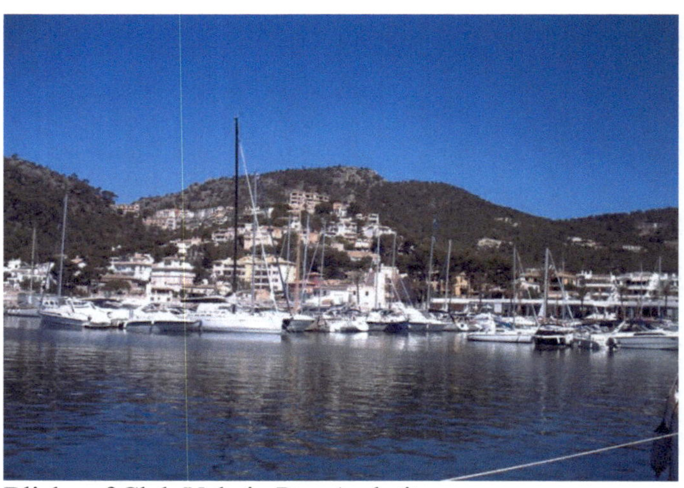

Blick auf Club Vela in Pto. Andraitx

Ein Tagestörn im westlichen Mittelmeer

Mittwoch, 28. September 2016, Ajaccio/Korsika

Nachdem wir in den letzten Tagen viel Kunst und Kultur genossen haben, freuen sich meine Frau und ich auf einen entspannten Tag im sonnigen Ajaccio bei 26 °C. Als wichtigste historische Tatsache ist natürlich zu erwähnen, dass Ajaccio die Geburtsstadt Napoleons ist. Das Geburtshaus liegt eher unscheinbar in einer Nebengasse, ist aber kaum zu verfehlen, da immer eine Gruppe von Menschen ihre Beweisfotos schießen möchten. Wie auch immer, unser Schiff liegt verkehrstechnisch optimal, die Alt- bzw. Innenstadt von Ajaccio ist nur wenige Gehminuten entfernt. Wir haben einen wunderschönen Ausblick auf den Sportboothafen mit seinen Yachten und auf die große Bucht von Ajaccio. Ich für meinen Fall habe für heute eine Katamarantour entlang der wildromantischen Küste geplant. Meine Frau dagegen zieht es an den Sandstrand von Porticcio, wie sich später herausstellt eine für sie optimale Entscheidung. Können doch dort leicht ausgedehnte Strandspaziergänge unternommen werden.

Der Katamaran mit Namen „Voglia Di Mare“ ist immerhin 18 m lang und kann bis zu 28 Personen aufnehmen. Die Besatzung besteht lediglich aus dem Skipper und einem deutschsprachigen Reiseleiter, der mit anfasst. Vor

Betreten des Bootes müssen wir alle die Schuhe ausziehen, damit das Deck nicht verschmutzt wird. Achtung! Kann glatt sein, Rutschgefahr. Da am späten Vormittag kaum Wind herrscht, wirft der Skipper den Motor an und steuert mit 6 kn quer über die große Bucht. Das Großsegel wird gesetzt, jeder, der möchte, kann dabei mit anfassen. Nach etwa einer Stunde erreichen wir einen kleinen Küstenabschnitt mit wirklich imposanten Felsformationen. Es wird geankert, und es bleibt Zeit, das etwa 22 °C warme Wasser für einen kurzen Schnorchelausflug zu nutzen. Wer mag, kann sich bei korsischer Wurst und Schinken stärken und das Ganze mit korsischem Eistee (Roséwein) hinunterspülen. Nach rund einer Stunde ist es Zeit zum Aufbruch, und wir fahren unter Motor etwa 2 sm die Küste entlang. Der Wind hat mittlerweile aufgefrischt (etwa 14 kn aus Westen), und der Katamaran läuft bei Halb-Wind mehr als 7 kn. Großsegel und Genua stehen gut, und ich freue mich, dass ich Ruder gehen kann. Nach einer knappen Stunde bei 4 Windstärken haben wir schon fast wieder unseren Ausgangspunkt im Hafen erreicht. Schnell wird abgefallen (Kursänderung), parallel zum Strand und Kastell gesegelt, aufgeschossen und dann nach Bergung der Segel unter Motor wieder angelegt. Perfektes Segelwetter, hätte gerne noch etwas weitergemacht.

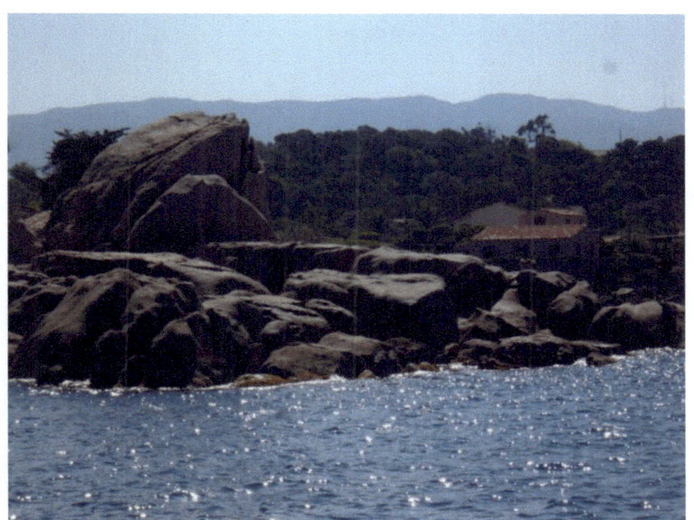

Felsformationen auf Korsika

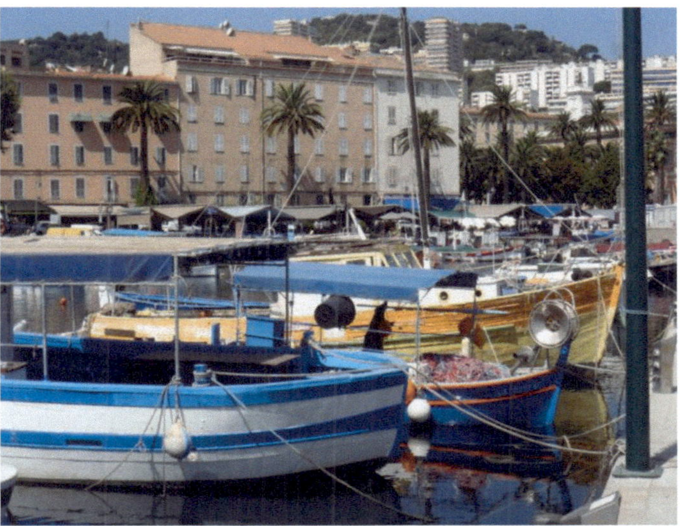

Am Hafen von Ajaccio

Rund Mallorca im Mai

Viel Wind, wenig Yachten, mit Insel Cabrera

„Ich glaube, momentan kann das Wetter auf den Balearen kaum besser sein als hier in Deutschland“, ruft mir meine Frau aus dem Garten zu – OK, es ist Ostermontag 2011 und Kaiserwetter, selbst bei uns im Ruhrgebiet … Hm, denke ich, hoffentlich kein schlechtes Omen, schließlich werde ich in gut zwei Wochen zu einem einwöchigen Balearentörn starten mit dem Wunsch, entspannt und ohne schweres Ölzeug segeln zu können. Naja, so schlimm kann es nicht werden und beschließe, nur leichtes Ölzeug als möglichen Regenschutz mitzunehmen. Um es vorweg zu nehmen, ich sollte Glück haben … Mallorca selbst kenne ich schon gut durch viele Segel-Aktivitäten, angefangen vom Jollensegeln über Sportkieler und Yacht bis hin zu mehreren Umrundungen der Insel im Frühsommer bzw. Herbst.

Samstag, 14. Mai, Pto. Pollensa

Ich lande vormittags in Palma. Unser Crew-Treffen ist für 17.00 Uhr in der Segelschule Sail&Surf geplant, sodass ich mich ohne Hast auf den Weg Richtung Pollensa im Norden Mallorcas machen kann. Unser Schiff wird wieder die „Adelante“, eine Bavaria 46, sein.

Nach einem Spaziergang durch den Ort treffe ich kurz vor 17.00 Uhr in der Segelschule ein. Auf mein Nachfragen bei der Segelschule hatte man mir im Vorfeld mitgeteilt, dass wahrscheinlich insgesamt sechs Personen plus Skipper den Törn mitsegeln werden. Ich stelle mir die Frage, wer wohl dabei sein wird. Bis auf Skipper Alois, den ich aus meinen Aktivitäten in der Segelschule kenne und schätze, sind mir alle anderen unbekannt. Wie auch immer, schließlich habe ich doch bisher immer Glück gehabt. Ich bin nicht enttäuscht worden, es sollte eine aktive Woche mit viel Wind und guten Segelbedingungen werden.

Nach einer kurzen Vorstellungsrunde diskutieren wir, das sind Claudia und Ingo aus dem Ruhrgebiet, Werner und Elfriede aus Salzburg sowie als Einzelbucher Dieter und ich, ob wir Richtung Menorca segeln wollen oder doch lieber rund Mallorca versuchen wollen. Die Meinungen gehen etwas auseinander, und wir beschließen, die Entscheidung auf morgen, abhängig von Wind und Wetter, zu verschieben. Bis auf Elfriede können alle Crew-Teilnehmer Segelkenntnisse vorweisen und sind gespannt auf ihren ersten Yacht-Törn in den Balearen.

Glücklicherweise fährt Alois unser Gepäck mit dem Werkstattwagen der Segelschule zum Schiff, sodass wir zügig eine erste kurze Einweisung an Bord von ihm bekommen können. Die beiden Pärchen dürfen die achterlichen Kabinen beziehen, wogegen Dieter und ich in der etwas geräumigeren Vorschiffskabine unser Domizil aufschlagen. Es wird eine grobe Einkaufsliste erstellt, und eine Hälfte der Crew fährt mit Alois zum Supermarkt um einzukaufen, die andere Hälfte erkundet derweil die Kabinen und den Salon. Nach knapp zwei Stunden ist der Einkauf beendet, und wir verstauen alles unter Deck. Sichtlich hungrig beschließen wir, im Ort Essen zu gehen.

Sonntag, 15. Mai, Pto. Pollensa – Cala Ratjada (31 sm)

Ich werde gegen 07.30 Uhr wach, mache mich frisch und die gesamte Crew sitzt gegen 09.00 Uhr am Frühstücktisch im Salon. In der Nacht hatte es geregnet, der Wind erreichte in Spitzen 30 kn (immerhin 7 Bft), es ist bedeckt, und die Temperatur ist deutlich gefallen. In der Hoffnung auf Wetterbesserung gen Mittag macht Alois eine zweistündige ausführliche Bootseinweisung, sodass wir um 12.40 Uhr sagen können: „Leinen los."

Nach Ausfahrt aus dem Hafen fahren wir etwa eine Seemeile, um dann Segel zu setzten. Es hat etwas aufgeklart, der Wind bläst jedoch immer noch mit etwa 5 Bft aus NE, sodass wir mit dem 1. Reff im Großsegel und eingereffter Genua aus der Bucht von Pollensa kreuzen müssen. Mit fast 7 kn segeln wir vorbei an der Cala Formentor mit dem berühmten Hotel Formentor, in dem schon viele bekannte Persönlichkeiten zu Gast waren.

Die Bucht von Pollensa ist eines der schönsten Segelreviere im Mittelmeerraum. Umrahmt wird die Bucht von beeindruckenden Gebirgszügen, ganz am Ende Cap Formentor mit seinem Leuchtturm. Nach einer guten Stunde lassen wir Cap Pinar am östlichen Ausgang der Bucht von Pollensa liegen und gehen auf einen Generalkurs von etwa 85 bis 90°. Schließlich hat sich ja mittlerweile die Crew entschlossen, den Sprung Richtung Menorca zu wagen …

Ein frommer Wunsch, wie sich nach etwa einer weiteren Stunde segeln am Wind bei einer Wellenhöhe von etwa 3 m herausstellt. Ich merke, wie es bei mir in der Magengegend zunehmend grummelt, und ich frage Alois, ob wir diese Berg-und-Talfahrt noch 5 Stunden Richtung Menorca durchhalten wollen. Schließlich ist rund Mallorca ja auch nicht so schlecht … Die restliche Crew signalisiert schnell Zustimmung, und wir ändern unseren Kurs Richtung Cala Ratjada.

Claudia fragt, ob jemand Kaugummis gegen Seekrankheit haben möchte – sie ist Apothekerin und hat so einiges dabei. Ich nehme dankend an, merke jedoch schnell, dass ich nun etwas müde werde. Claudia erklärt, dass der Wirkstoff in den Kaugummis nicht nur gegen Seekrankheit helfen soll, sondern auch als Einschlafmittel verkauft wird …

Kurz vor 18.00 Uhr legen wir in Cala Ratjada römisch-katholisch an einem neuen Steg an. Erfreulich ist die moderate Liegeplatzgebühr von 36 €. Etwas erschöpft suchen wir uns ein nettes Restaurant am Wasser, Claudia und Ingo bestellen sich einige riesige Fischplatte, während ich mit meiner Seezunge und auch die anderen Crew-Mitglieder mit ihrem Essen ganz zufrieden sind.

Montag, 16. Mai, Cala Ratjada – Pto. Colom (24 sm)

Nach Bordfrühstück im Cockpit laufen wir aus, der Wind hat im Vergleich zum Vortag nachgelassen und bläst mit 3 Bft aus nördlichen Richtungen, der Himmel ist glücklicherweise nur noch teilweise bedeckt, die Wellenhöhe beträgt noch etwa 1,5 m. Wir setzen lediglich die Genua und segeln raumschots mit 4 bis 5 kn auf unser nächstes Ziel Pto. Colom zu. Gegen Mittag können wir zwei Delfine beobachten, die unser Schiff kurz begleiten. Schon aus einiger Entfernung können wir am späteren Nachmittag den markanten Leuchtturm von Pto. Colom ausmachen. Pto. Colom besitzt einen großen, schönen Naturhafen, der neben dem üblichen Stegliegeplätzen auch über zahlreiche Liegeplätze an Bojen verfügt. Wir entschließen uns, am Steg im Club Nautico festzumachen. Die Liegegebühr beträgt trotz Vorsaison immerhin noch 68 €.

Elfriede und Werner wollen einen kleinen Spaziergang zum Leuchtturm unternehmen (etwa ½ Stunde Fußmarsch); Alois, Dieter und ich verspüren Kaffeedurst (obwohl ich nur Tee trinke) und treffen auf dem Weg in ein entsprechendes Café den Betreiber einer örtlichen Charter-Firma, der uns für abends einige Restaurants empfiehlt. Wir entschließen uns für das „Merlin“ (ich hoffe, ich habe den Namen richtig behalten) und werden nicht enttäuscht. Ingo lobt die mallorquinische Kartoffelsuppe, Dieter hat Kaninchen bestellt, lediglich die bestellten Pizzen einiger Crew-Kollegen sind etwas dünn geraten.

Dienstag, 17. Mai, Pto. Colom – Isla Cabrera (29 sm)

Unser heutiges Tagesziel ist die kleine Insel Cabrera, ein unter Naturschutz stehendes Gebiet, einige Seemeilen vor der südöstlichen Spitze Mallorcas. Während der napoleonischen Kriege diente Cabrera als Gefangenenlager, heute sind neben einer kleinen Militärstation nur wenig Menschen auf der Insel. Alois berichtet von einer kleinen Cantina, die Bier, Kaffee, Cola und vor allem belegte Baguettes mit Schinken, Käse oder Thunfisch anbietet. Im Regelfall wird für den Besuch von Cabrera – man liegt an einer der Bojen im Naturhafen – ein Permit benötigt, das zumindest in den Sommermonaten von offizieller Seite überprüft werden soll.

OK, das klingt ja klasse, denke ich – jetzt muss nur noch das Wetter mitspielen. Der Wetterbericht aus dem Internet (Alois hat sein Laptop an Bord) verspricht nördliche Winde bis 3 Windstärken und Sonne bei 19 bis 24 °C. Endlich T-Shirt-Wetter, musste doch in den letzten Tagen zumindest eine Segelweste oder ein Fleeceshirt getragen werden, um es angenehm im Cockpit zu haben.

Auf Vorschlag von Alois beschäftigen sich Claudia und Ingo mit navigatorischen Fragestellungen wie Peilungen, Kurse zum nächsten Zielpunkt anhand der Seekarte bestimmen etc. – eine gute Übung, wollen beide doch noch die theoretische SKS-Prüfung in nächster Zukunft ablegen.

Am späten Vormittag können wir bei bestem Segelwind von 3 Bft, nun aus östlichen Richtungen, einen herrlichen Am-Wind-Kurs fahren. Dieter, Ingo, Werner und ich wechseln uns am Ruder ab, Alois hat stets die Segel im Blick und sorgt dafür, dass alles optimal läuft. Mittags stärken wir uns mit Brot und Salami und genießen das süße Nichtstun.

Schon aus der Ferne können wir das kleine Archipel mit der Hauptinsel Cabrera ausmachen. Auf der nördlichsten der kleinen vorgelagerten Inseln steht der schwarz-weiße Leuchtturm von Horada. Gegen 17.00 Uhr holen wir die Segel ein und fahren schließlich in den tief in die Insel reichenden Naturhafen ein, der optimalen Schutz bei jedem Wetter bieten soll. Nachdem wir an einer Boje festgemacht haben, wird das Dingi (Beiboot) mit dem

Außenborder klargemacht, wollen wir doch auf die Insel übersetzen. Im Naturhafen von Cabrera liegen – glücklicherweise – nur 5 oder 6 andere Boote, in den Sommermonaten sollen es um die 50 sein. An Land steuern Alois und ich auf die kleine Cantina zu, während die übrige Crew beschließt, das Kastell auf dem nahen Hügel zu erkunden. Nach einer guten Stunde treffen auch die „Wanderer“ in der Cantina ein und wir genießen die belegten Baguettes mit Bier oder Shanty (Bier mit Zitronenlimonade). Da das Dinghi nur maximal 4 Personen tragen kann, muss Alois bei der Rückfahrt zweimal den Weg Land-Schiff fahren, wobei bei der zweiten Fahrt mitten im Hafen der Außenborder versagt (Sprit und Entlüftungsschraube OK …), was natürlich zur Erheiterung der schon auf dem Schiff befindlichen Crew-Mitglieder führt. Alois hat mitgedacht und vorsorglich Paddel in das Dinghi gelegt, sodass wir nach einer kleinen körperlichen Anstrengung doch sicher auf unserem Schiff anlanden können.

Mittwoch, 18. Mai, Cabrera – Pto. Andraitx (48 sm)

Der Wind bläst vormittags mit bis zu 4 Windstärken aus östlichen Richtungen, sodass wir auf Halb-Wind-Kurs unser erstes Tagesziel ”Cala Pi”, eine kleine schöne Bucht und beliebtes Ausflugsziel an der Südküste von Mallorca, ansteuern können. Plötzlich und unerwartet, sozusagen als Auffrischung unserer Manöverkenntnisse, lässt uns Alois ein Mann-über-Bord-Manöver mit klassischer Q-Wende fahren oder war es doch eine Halse ... – es hat geklappt, immerhin. Gegen Mittag erreichen wir Cala Pi, fahren aber nur kurz hinein, zu stark ist der Schwell, der in der Bucht steht. Weiter geht es Richtung Pto. Andraitx, wir queren die große Bucht von Palma, sichten wiederum einige Delfine und machen kurz nach 17.00 Uhr in Pto. Andraitx fest.

Pto. Andraitx, bekannt als Ort der Schönen und Reichen, zeigt sich von seiner moderaten Seite und verlangt „nur“ 59 € Liegegebühr. Gut, denke ich, zumindest die Duschen sind es wert, alles Einzelkabinen und – man kann solange duschen, wie man möchte. Einige Liegeplätze neben uns liegt die SY Meltemi des DHH (Deutscher Hochseesportverband Hansa), eine Oceanis 54, und ich beschließe kurz ‚Hallo„ zu sagen, da ich selbst DHH-Mitglied bin. Die Meltemi befindet sich auf Überführungstörn Richtung Elba von Malaga aus kommend und hat den Winter in der Karibik verbracht.

Für den Abend hat uns Alois ein schönes Restaurant, direkt am Wasser neben dem „Club de Vela“ ausgesucht. Als Spezialität gibt es neben Tintenfisch mit schwarzer Sauce (Tintenfisch in seiner Tinte) auch leckere schwarze Paella.

Donnerstag, 19. Mai, Pto. Andraitx – Pto. Sóller (49 sm)

Der Himmel ist bedeckt, der Wind kommt aus NE und wir sind unterwegs nach Pto. Sóller, dem einzigen Hafen an Mallorcas Westküste. Vorbei an der eindrucksvollen Insel Dragonera, die im Riss wie ein liegender Drache aussieht, setzen wir kurze Zeit später Groß und Genua und müssen mit langen Schlägen aufkreuzen. Heute kommt seglerisch jeder auf seine Kosten, segeln wir doch am Wind mit bis zu 5 Windstärken. Darüber hinaus bietet die Westküste von Mallorca einen grandiosen Anblick, schaut man doch praktisch direkt auf die Gebirgszüge des Tramontana-Gebirges.

Wir machen im Hafen von Pto. Sóller kurz vor 18.00 Uhr fest, die Liegegebühr beträgt 49 €. Die sanitären Anlagen sind in Containern direkt an der Hafenmole untergebracht, einfach, aber OK. Pto. Sóller ist ein großer, fast kreisförmiger Naturhafen; vor dem eigentlichen Hafenbecken kann im Bedarfsfall geankert werden. In den Sommermonaten ist der Hafen oft chronisch überfüllt. Mit einer kleinen Straßenbahn kann man in das einige Kilometer entfernte beschauliche Örtchen Sóller fahren. Den Abend lassen wir in einem mehrstöckigen Restaurant mit herrlichen Blick auf den Hafen ausklingen und sitzen geschützt auf der Dachterrasse.

Freitag, 20. Juni, Pto. Sóller – Pto. Pollensa (55 sm)

Wir müssen früh raus, schließlich ist heute unser letzter Törntag und wir sollen gegen 17.00 Uhr im Hafen von Pto. Pollensa festmachen. Schon kurz vor 08.00 Uhr werfen wir den Motor an, gefrühstückt wird unterwegs. Nach einer guten Stunde erreichen wir Sa Calobra, eine kleine Bucht, die sich durch steil aufragende Felswände auszeichnet und einen grandiosen Anblick bietet. An Land sind nur wenige Gebäude auszumachen und Alois erklärt, dass diese Bucht auch ein beliebtes Ziel bei Wanderern ist, die Mallorca zu Fuß entdecken möchten. Nach einigen Beweisfotos setzen wir Segel, um in Richtung Cap Formentor aufzukreuzen. Gegen Mittag geht der Wind von 5 auf 3-4 Bft zurück und der Himmel ist nur noch wenig bedeckt. Schließlich umrunden wir Cap Formentor und können in die Bucht von Pollensa einfahren. Auf Höhe von Cap Pinar fieren wir die Segel auf Raumschots-Kurs auf und erreichen kurz vor 17.00 Uhr die Hafeneinfahrt. Noch schnell getankt, machen wir eine halbe Stunde später am Steg fest.

Um 20.00 Uhr startet das Captain‘s Dinner in der Segelschule. Anschließend erhalten die Teilnehmer der Segelkurse traditionell ihre Bescheinigungen von den Segellehrern ausgehändigt. Elfriede, Werner, Dieter und ich gehen noch in einen Irish Pub, hier soll es gute Live-Musik aus den 70er Jahren geben. Nach Mitternacht schließlich lege ich mich in meine Koje, morgen früh heißt es TÖRNENDE: alle vom Schiff.

Ich habe eine schöne Segelwoche mit viel Wind gehabt, was zumindest in den Sommermonaten nicht immer die Regel ist. So konnten wir von den 236 sm immerhin 198 sm unter Segeln zurücklegen … und Menorca – beim nächsten Mal.

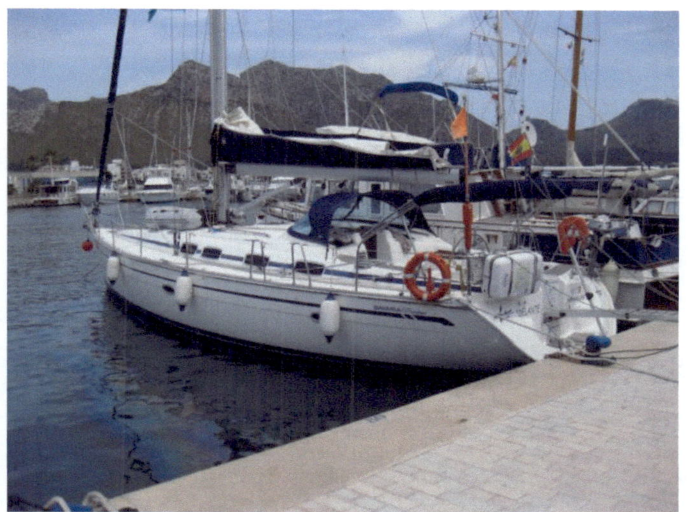

Unsere Yacht Adelante am Steg

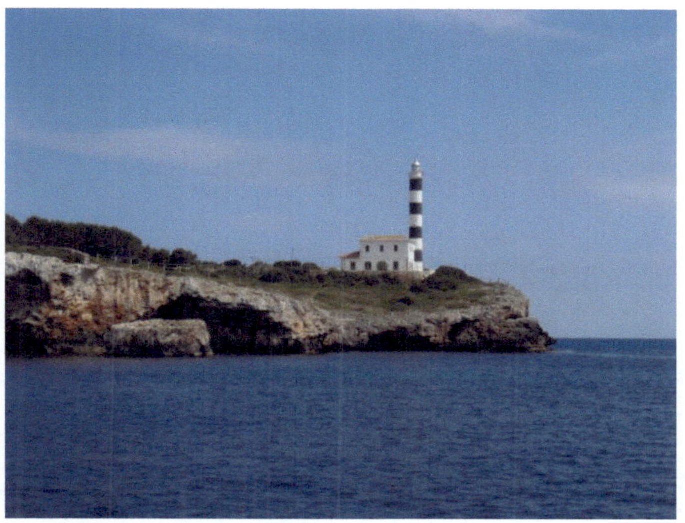

Leuchtturm von Pto. Colom

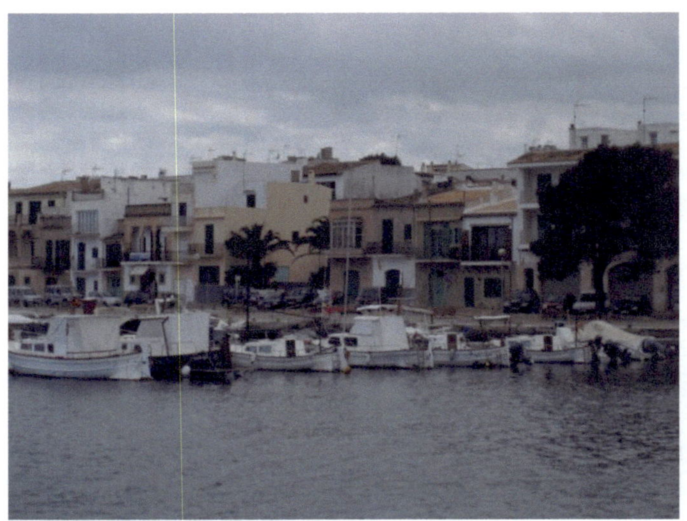

Im Hafen von Pto. Colom

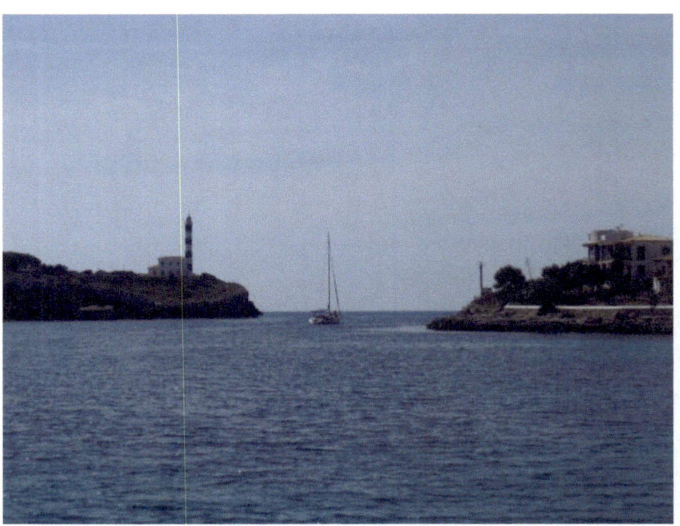

Hafenausfahrt von Pto. Colom

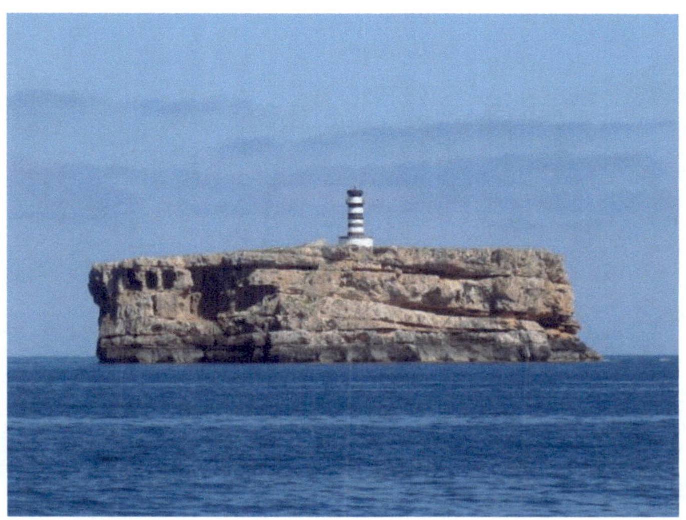
Leuchtturm Horada

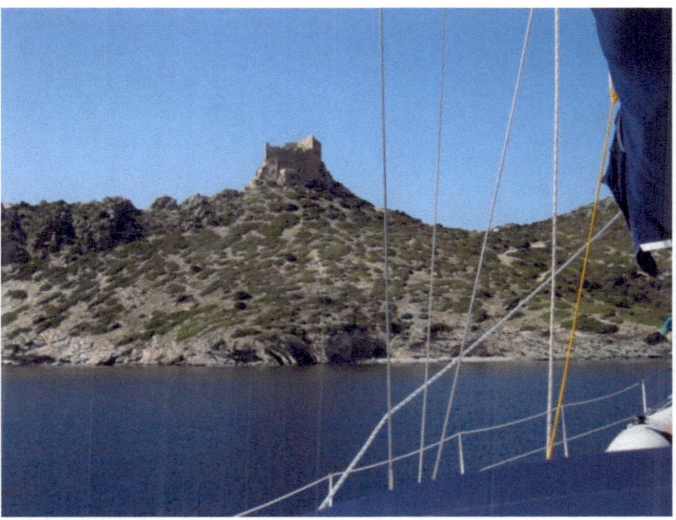
Im Naturhafen von Cabrera

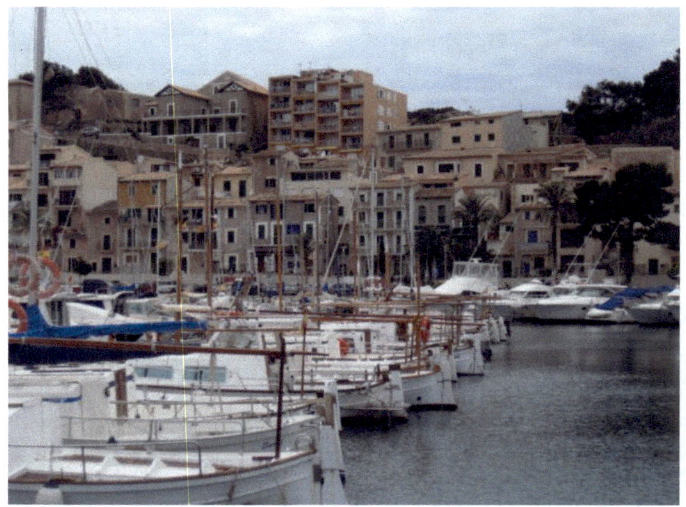
Pto. Sóller

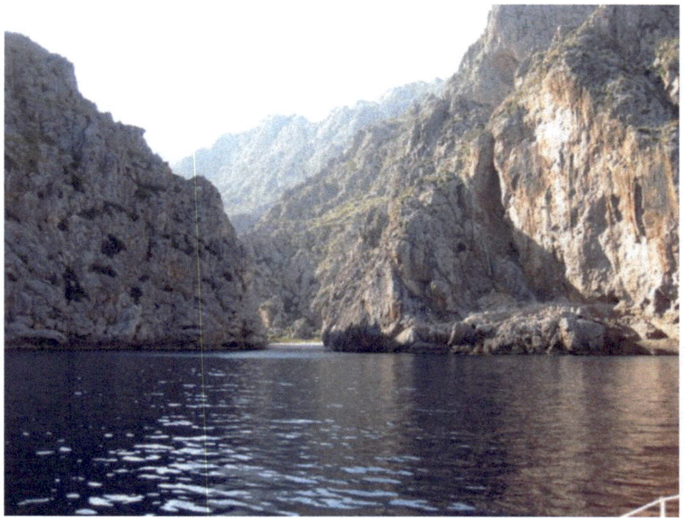
Felswände in der Bucht Sa Calobra

Seen und Kanäle in Süd-Friesland

Törn auf einer Segelyacht im Juni 2022

Planung und Vorbereitung

Ziel unseres Törns im Frühsommer 2022 ist das weitläufige Gebiet der südlichen „Friese Meren“ (Süd-Friesland, friesische Seenplatte) in den Niederlanden mit unserer Segelyacht Panta Rhei, einer Bavaria 820. Meine Frau Sigrid und ich sind am Donnerstagabend aus dem Ruhrgebiet nach einer knapp dreistündigen Fahrt in Lemmer angekommen. Morgen, am Freitag, geht es aufs Schiff – wir freuen uns.

Obwohl mir das Fahrgebiet seit einigen Jahren aus eigener Erfahrung bekannt ist, ist es sinnvoll, sich anhand verschiedener Broschüren zu „Wassersport in den Niederlanden“ nochmal einen aktuellen Überblick zu Daten, Fakten, Regeln und Schifffahrtsvorschriften zu verschaffen. Aktuelle Wassersportkarten (ANBW Waterkaarten, Almanak 1+2), Törnführer (Holland 2), Reiseberichte in Fachzeitschriften und Infos aus dem Internet zu Liege- und Anlegeplätzen dienen zur Detailplanung. Wichtig in diesem Zusammenhang ist das Setzen realistischer Tagesziele. So werden Tagesfahrzeiten von nicht mehr als vier bis fünf Stunden angesetzt, um genügend Reserve für Wartezeiten an den beweglichen Brücken (BB) oder bei der Liegeplatzsuche und dem Anlegen zu haben. Bei Fahrtzeiten von vier bis fünf Stunden erscheinen Tagesdistanzen von 10-15 sm sinnvoll. Gesamtfahrzeit soll eine Woche sein (sechs Tage, ein Tag Reserve) und die Fahrtstrecke etwa 60-90 sm.

Die Überprüfung der Navigationsmittel, seemännischen Ausrüstung und Sicherheitsmittel erfolgt anhand von Checklisten. Feuerlöscher, Rettungswesten etc. werden entweder zur Wartung gegeben oder ausgetauscht. Die Motorwartung und Überprüfung der Batterien erfolgt standardmäßig nach der Zeit im Winterlager und wird von einem professionellen Service durchgeführt. Laufendes und stehendes Gut werden kontrolliert, die Bilge überprüft. Segel werden angeschlagen.

Freitag, 10. Juni, Lemmer (Groote Brekken) (7 sm)

Vormittags geht es aufs Schiff. Kraftstoff, Wasser und Proviant werden ergänzt und ordentlich verstaut. Schließlich erfolgt die Einweisung in die Sicherheitsvorkehrungen anhand einer Checkliste, gleichzeitig auch eine sinnvolle, nochmalige Überprüfung wichtiger Ausrüstungsgegenstände. Für den Nachmittag haben wir geplant, auf dem „Groote Brekken“ (Wassertiefe etwa 1,5 m), quasi unser „Haussee“ direkt vor der „Tür“, einige wichtige Manöver zu wiederholen. Kurz nach 14.00 Uhr geht es los. Bei 19 °C, leider mit bedecktem Himmel, fahren wir zunächst unter Motor zum unteren Teil des „Groote Brekken“, um dort die Fock zu setzen und mit achterlichem Wind aus SW den „Brekken“ hochzufahren. Die Windstärke beträgt etwa 4 bis 5 Bft, und wir kommen zügig mit gut 4 kn voran. Im oberen Teil des „Brekken“ hat der Wind nochmal auf 5 bis 6 Bft zugelegt und nach einigen Versuchen zu kreuzen, fahren wir unter Motor zurück. Im unteren Teil des „Brekken“ ist die Windstärke mittlerweile auf bis zu 23 kn angestiegen – nicht schlecht. Gegen 17.00 Uhr heißt es „Leinen fest“ am Steg.

Samstag, 11. Juni, von Lemmer nach Heeg (15 sm)

Um 11.00 Uhr setzen wir auf dem „Groote Brekken“ Groß und Fock und können bei wolkenlosem Himmel und etwa 4 Windstärken aus SW raumschots den „Brekken“ mit gut 5 kn hochsegeln. Im oberen Ende des „Brekken“ bergen wir die Segel und biegen unter Motor in die betonnte Fahrrinne des „Prinses Margriet Kanaal“ ein, der mitten durch den „Brekken“ verläuft. Der „Prinses Margriet Kanaal“ ist eine der am stärksten befahrenen Kanäle in den Niederlanden, hier ist insbesondere auf die Berufsschifffahrt verstärkt zu achten. Gegen 12.00 Uhr passieren wir die bewegliche Brücke „Spannenburg“; der direkt daneben stehende hohe Turm ist übrigens noch aus der Entfernung von mehreren zehn Kilometern gut auszumachen. Nach der Brücke verläuft der „Prinses Margriet Kanaal“ durch das „Koevordermeer“, und man ist gut beraten, sich an die Fahrrinne zu halten, da dieser See außerhalb der betonnten Fahrrinne sehr schnell flach wird – bis auf eine Wassertiefe von 50 cm an manchen Stellen. Über den „Johan Friso Kanaal (Jeltesleat)“ fahren wir bis Heeg und dann noch weiter auf das „Heegermeer“, um noch für eine knappe Stunde segeln zu können. Schließlich legen wir kurz vor 16.00 Uhr im „Passantenhaven Heegerwal“ von Heeg an. Der Hafen ist schon gut gefüllt, und wir bekommen eine Box im hinteren Teil vom Hafenmeister zugewiesen. Der Hafen ist recht neu, die sanitären Anlagen einwandfrei – und nicht zu vergessen – fußläufig befindet sich ein stets gut frequentierter Schnellimbiss.

Sonntag, 12. Juni, von Heeg nach Langweer (16 sm)

Heute fahren wir gegen 10.00 Uhr unter Motor zunächst von Heeg in Richtung Woudsend. Der Himmel ist nur leicht bewölkt (etwa 17 °C), und es bläst mit rd. 4 Windstärken aus westl. Richtungen. Wir queren das „Slotermeer“, passieren den beschaulichen Ort Sloten und wieder „Spannenburg/Koevordermeer“, um schließlich in die „Langweerder Vaart“ einzubiegen. Dort setzen wir die Fock bis zum „Langweerder Wielen“. Bei 20 kn Wind bergen wir die Fock und fahren in den „Passantenhaven Langweer“. Glücklicherweise ist noch viel frei, und wir können uns eine geschützte Box frei aussuchen.

Montag, 13. Juni, Langweer

Hafentag. Heute Morgen hat es geregnet und sich deutlich um einige Grad abgekühlt. Wir werden einige Einkäufe im örtlichen Supermarkt und beim Bäcker erledigen. Erwähnenswert ist noch die „Cafetaria“ in Langweer, die vielerlei Snacks und Eis anbietet. Der „Passantenhaven Langweer“ ist insgesamt in einem sehr guten Zustand, die sanitären Anlagen optimal und die Hafenmeisterin aufmerksam und nett.

Dienstag, 14. Juni, von Langweer nach Galamadammen (13 sm)

Kurz vor 10.00 Uhr legen wir in Langweer ab und gelangen über den „Langweerder Wielen“ zum „Johan Friso Kanaal“ in Richtung Heeg/Heegermeer. Bei 2 bis 3 Bft aus W setzen wir im oberen Teil des „Heegermeer“ Groß und Fock und kreuzen etwa bis zur Fahrtonne 100 außerhalb der Fahrrinne auf. Das „Heegermeer“ weist meist eine Wassertiefe von wenigstens 1,80 m auf, jedoch ist auf jeden Fall ein Blick in die Karte wichtig, gibt es doch einige Gefahrenstellen und flachere Bereiche. Weiter geht es in der betonnten Fahrrinne über den See „De Fluessen“ in Richtung Galamadammen. Im „Heegermeer/Fluessen“ befinden sich viele kostenlose Anlegestellen in der freien Natur (Marrekrite), oft an den kleinen Inseln – Achtung, teilweise flach. Das in der Vergangenheit beliebte Hotel und Restaurant in Galamadammen ist zur Zeit geschlossen, der Hafen jedoch in Betrieb. Wir machen gegen 14.30 Uhr am Passantensteg von „De Kuilart“ fest, der nur wenige hundert Meter entfernt liegt. Liegeplatzgebühr und Strom werden am Bezahlautomaten erledigt – nur Kartenzahlung möglich. Am Nachmittag können wir „Appelgebak und Coffie“ auf der Terrasse des angeschlossenen Restaurants genießen.

Mittwoch, 15. Juni, von Galamadammen nach Langweer (15 sm)

Um 10.00 Uhr legen wir in „De Kuilart“ ab, und es geht über „Fluessen“ wieder zum „Heegermeer“, wo wir gegen 11.30 Uhr bei 2 bis 3 Bft aus NE Groß und Fock setzen und bis kurz vor 13.00 Uhr das Segeln raumschots bzw. am Wind genießen. Unter Motor geht es schließlich über den „Johan Friso Kanaal (Jeltesleat)“ weiter nach Langweer. Von dort wollen wir morgen zurück nach Lemmer, wo unser Törn enden soll.

Donnerstag, 16. Juni, von Langweer nach Lemmer (16 sm)

Heute treten wir über den „Langweerder Wielen, Prinses Magriet Kanaal“ (viel Berufsschifffahrt) bzw. „Koevordermeer“ den Rückweg an. Der Himmel zeigt sich nur leicht bewölkt bei etwa 20 °C. Der Wind ist heute nur schwach aus westl. Richtung (kleiner als 2 Bft). „Spannenburg“ erreichen wir gegen 14.00 Uhr, und wir machen einen kurzen Abstecher zum Örtchen Sloten, wo wir direkt vor der beweglichen Brücke im Ortskern festmachen und uns für eine knappe Stunde bei Kaffee bzw. Tee entspannen. Um 17.00 Uhr sind wir wieder in unserem Hausrevier „Groote Brekken“ angekommen und versuchen, ein letztes Mal auf diesem Törn zu segeln. Unglücklicherweise weht der Wind äußert schwach und nach einer halben Stunde fahren wir unter Motor weiter und machen gegen 18.00 Uhr im „Wassersportcentrum De Brekken“, Steg B 94, fest. Unser Törn endet hier – wir haben eine schöne Woche gehabt und sind äußerst zufrieden.

Bei Fahrten auf den „Friese Meren“ ist besonders zu beachten, dass vor den beweglichen Brücken (BB) teilweise ein beachtliches Verkehrsaufkommen zu erwarten ist, auf die Berufsschifffahrt ist verstärkt zu achten und dass manche Seen außerhalb der Fahrrinne schnell nur eine geringe Wassertiefe aufweisen.

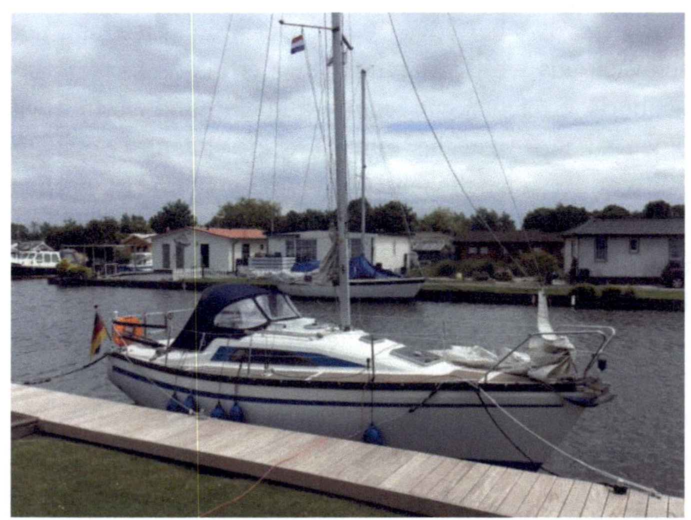
Segelyacht Panta Rhei am Steg kurz vor dem Ablegen

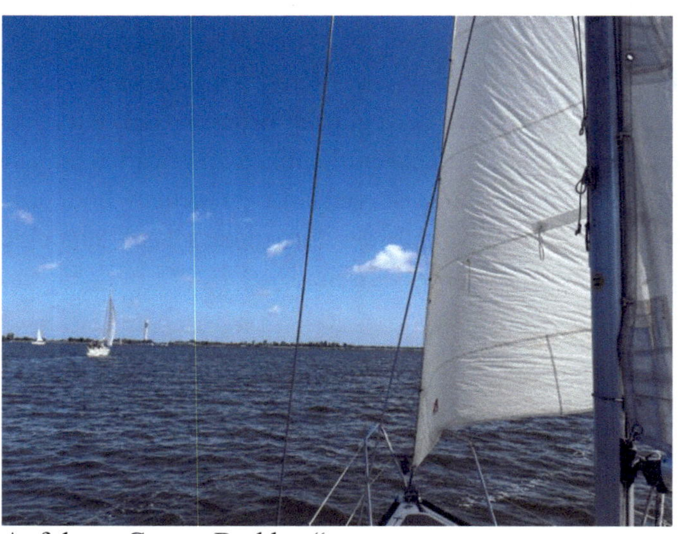
Auf dem „Groote Brekken“

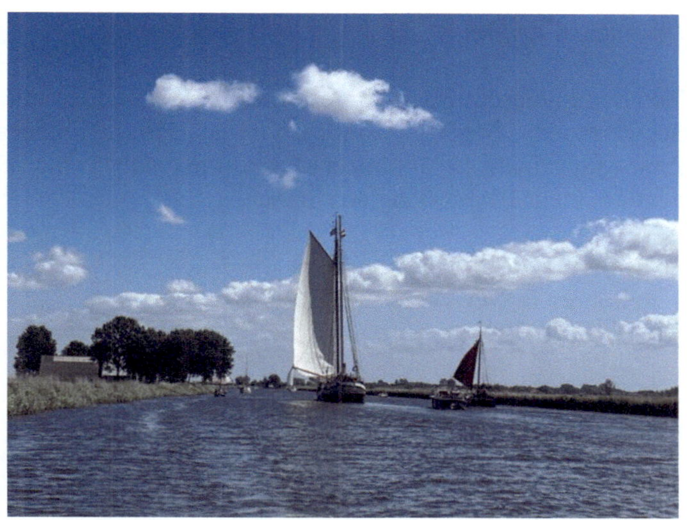

Plattbodenschiff auf dem „Johan Friso Kanaal“

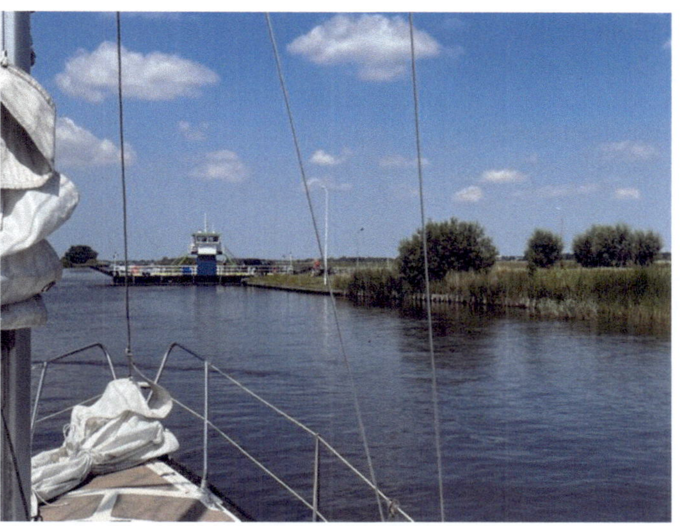

Eine kleine Autofähre kreuzt einen Kanal

Literaturhinweise

Von den in diesem Buch vorgestellten Reiseberichten mit Schwerpunkt „Segeln“ sind einige in den folgenden Print-Magazinen in ähnlicher Form mit jedoch meist deutlich mehr Bildumfang erschienen:

Schiff ahoi:
Segeltouren in New York und Boston
360° USA, 01/2019

Segeln in Neuseeland
Blauwasser, 2-10, Herbst 2010

Sailing under Stars and Stripes
Yachting blue, 4-11, 2011

Sailing Halifax and more
360° Kanada, 02/2015

Einmal rund Mallorca, bitte!
Nautische Nachrichten, 4/2009

Diese Berichte u. a. sind auch zu finden in meinem Buch „Kleines Logbuch Neuseeland und andere Reiseberichte“ (agenda Verlag, Münster, 2018).

Aus meinen Buch „Unterwegs in Südafrika und anderswo – Reisenotizen“ (agenda Verlag, Münster, 2023) stammt u. a. der Bericht über den Segeltörn in den Niederlanden.

Bildnachweise

Michael, Sigrid und Christian Osterhold
S. 18-20

Michael und Sigrid Osterhold
S. 21, S. 46-49; S. 54-55

Michael Osterhold
S. 32-35; S. 62 (oben); S. 79-80; S. 83; S. 97-100;
S. 108 (oben); S. 109 (oben)

Sigrid Osterhold
S. 61; S. 62 (unten); S. 63; S. 108 (unten); S. 109 (unten)

Michael, Sigrid und Christian Osterhold
Umschlagfoto, New York Harbor